DXに
翻弄される
日本の会社と社会

株式会社ブレインワークス
近藤 昇

カナリア
コミュニケーションズ

はじめに

ＩＴほど、よくわからない分野はない。社会人になってから、たまたまの連続の中、今現在まで何らかの形でＩＴに関わってきた私の実感です。約40年間、飽きもせず続けている理由は、本業になったこともありますが、好奇心を掻き立てられることが連続的に起こり続けているからです。ワクワクの毎日で、この業界を離れるタイミングを逸した感じです。

今でこそ、地球規模で超有望な産業となりましたが、そもそも私が社会人になりたてのプログラマーの頃はＩＴという言葉すらなかったのです。本書のタイトルにある『ＤＸ』という言葉は、登場して間もないにも関わらず、メディアも含めて大騒ぎです。

長年、ＩＴに関わる仕事の現場に身を置いてきた立場としても、このＩＴの世界というものは、つくづく不思議だなという感覚で眺めています。そういう意味でもこの先もＩＴやＤＸに無関心ではいられないのです。

私自身は農家出身で大学では建築を専攻しました。自然の中で過ごしたので、子供のころから、目に見えない仕事はどうにも肌に合わないと思っていました。「仕事は目に見えて、汗をかいてなんぼ」という昭和人間でものづくり派の泥臭い感覚でしょうか。ガテン系（今でいうエッセンシャルワーク）の方が今でも自分には向いていると思っているし、そのことを大切にして会社経営に取り組んできたつもりです。

とりわけ、課題山積の企業や組織の現場改善や仕組みの構築は好きで、建設業、製造業、流通業、農業などのＩＴ活用においても、現場の最前線でさまざまなご支援を行ってきました。しかも、現代においてはどの業種・業態もＩＴ活用を抜きにして現場の改善も仕組みの構築も成り立たない。そして、ＩＴ分野の技術進化のスピードはとにかく速い。百戦錬磨の経営者といえども、今までの実績や自信が揺らぎ、不安に苛まれます。

当社は、大企業から官公庁・自治体、病院、大学などさまざまな組織のＩＴ活用や業務改善、ＢＰＲ推進、情報セキュリティ対策などを行っています。創業時から日本社会の根幹を支える中小企業やエッセンシャルワークの分野においても、いかにＩＴを活用していくか、というテーマに取り組み続けてきました。現場に身を置くと、やはりこの領域の方々の大変さを痛感します。世間では「ＤＸ」と声高に叫んでいるのですが、結局、その正体がわからないまま、何から取り組んでよいかわからない。テレワークなんて自分たちに関係ないし、自分たちの仕事は、このＤ

Xでどう変わってしまうのか…。不安になるのも当然です。

長年、ITに関わってきて、IT社会が急速に進展する先の未来にワクワクしつつも、同時に憂えてもいる自分がいます。

デジタル化が進む企業や組織の現場はどうなるのか。新興国を中心とした世界とつながる時代の日本のあり方は…。そもそも、ITやDXがそんなに重要なことなのか。

私自身が日々試行錯誤していることを加味して、何かのお役に立つことができればと思い、筆をとりました。

官公庁・自治体、大企業などのIT化（DX化との区分は本文の中で説明します）を支援している中で思うことは、成功も失敗も「やはり人間に帰着する」ということです。人間が組織において活動をする。言い換えればチームワークともいえます。一見、ITの問題と思いきや、実は本質的な問題の原因は私たち人間で、それを生みだすのも人間、それを苦心し改善しようとするのも人間。私たち人間は実に不思議な存在です。

利便性や機能性だけを追求していき、最終的に大事な現場で働く人々の現実がますます見えなくなる。昨今、２０２４年問題で顕在化してきた物流問題もそう。顧客へのサービスの利便性を追求していく中で、現場の問題や課題は、特定の利害関係者だけにしかわかっていない。生活者は、作ることは知っていても、運ぶ人がいて初めて買い物が成り立っていることすら気にしない人も増えています。

恵まれたサービスの表面ばかり見ていると、そんな物流現場の現実は欠片もわからない。しかし、アナログ的な仕事には多くの人が知らない現場があり、そこで働く人々はＩＴとは無縁の仕事をひたむきに続けている。それを「古い」という言葉で一蹴することは簡単です。しかし、ものづくり立国日本においては、現場なき改善などは『絵に描いた餅』のような空虚なものではないでしょうか。

本書は私自身の個人的な体験や考えがベースになっています。そのうえで、創業期から中小企業のＩＴ活用支援に取り組み続けてきた現場での体験と学びが集約されています。もちろん、うまくいった事例もありますが、その数と同じくらい失敗もありました。そうした現場支援からの生の声を織り交ぜ、まとめたものです。

社会が健全な発展を遂げるのは喜ばしいことです。ぜひ、ITという分野においてもそうであってほしいと心から願っています。本書が「DX」という言葉に振り回されている悩み多き経営者やデジタル社会がどうも窮屈だなと感じている人などに、一服の清涼剤となれば幸甚です。

2024年6月　近藤　昇

目次

目次

第１章　ＤＸに翻弄される人たち

ＩＴ業界の大繁盛ぶりとＤＸ難民の急増

ＤＸブームのおかげか、ＩＴ業界は大繁盛のようです。まさに書き入れ時。なぜかといえば、ＩＴブームのときと同じからくりだからです。「ＤＸ化しないと会社の将来がありません」「ＤＸ化しないと生活困りますよ」、こんなささやきに心がざわつきます。テレビコマーシャルを見ても、タレントを使って色々と宣伝していますが、人々の「乗り遅れるとマズい」という気持ちを掻き立てるものが多い。コマーシャルなのでそれは仕方ありませんが。ＩＴ業界は企業や組織に対しては、あの手この手で、ＤＸ化という新しい投資の提案をしてきます。最新技術やサービスを使うと課題解決ができ、利益率がこう変化するという夢のような世界を語ります。

タクシーの座席にあるデジタルサイネージ広告を見ていても、その手の広告が延々と流れています。中には「これＤＸとはいえないでしょう」と思ってしまうサービスもあります。でも、この広告も安くない費用を払っていると考えると、費用対効果に勝算を見出している証左でもあります。まさにかつてのＩＴブームの再来を見ているかのようです。

このブームの中で、『ＤＸ難民』という言葉も出てきました。

ＤＸという言葉に翻弄され、どうしてよいかわからない人たちです。

以前から、デジタル難民という表現も使われてきましたが、社会全体にＩＴが広がった今はＤＸ難民の方がしっくりきます。

例えば、シニア（当書では65歳以上としています）の方々は元々、コンピューターとは無縁の世界で生きてきた人も少なくありません。80歳の方からすれば、20、30年くらい前にようやくパソコンやインターネットが登場しているわけですから、登場時点ですでに人生の半分が過ぎた地点です。所有する携帯電話もガラケーからスマホに買い替えて、ようやく操作に慣れ始めてきたところ…という方は多いわけです。でも、複雑なアプリの使用やスマホ決済なんてできやしない。数年前まではクーポン券を持っていけば割引が受けられたのに、今ではスマホのアプリで…なんてところも増えました。

レストランや居酒屋に入ると、人手不足の影響もありますがスマホでＱＲコードを読み込んで注文してください、なんていわれる。ようやくスマホの基本的な操作を覚えたばかりなのに、どこまでマスターしなきゃいけないのか…と諦めの境地のシニアもいると思います。

そもそも、ＩＴを使いこなせるシニアの割合は感覚的には10％いるかどうかの世界でしょう。

「残りの人生、ＤＸ社会でも我慢してくださいね」という囁きは、さすがに無茶な押し付けではないでしょうか。生まれた頃からITを使って生きてきたデジタルネイティブ世代とは異なり、多くのシニアにとっては苦行でしかありません。

とはいえ、若者世代にしても気づけば、新しい技術に翻弄され、いつしか難民化しないようにキャッチアップに専念しなければなりません。便利さの代償として、最新機器へのアップデートを余儀なくされ、いつしか便利なのか、不便なのかわからない境地の人も多いのではないでしょうか。このＩＴ業界の商売繁盛のために、一定数のＤＸ難民が生み出され、その難民たちの焦りを糧に、またＩＴ業界は新しい技術・サービスをリリースしていくわけです。

アナログかデジタルかの選択のジレンマ

ある意味デジタル（コンピューターという狭義の意味）の世界でも仕事をしてきた私は、デジタル庁ができた時、すぐにピンときたことがあります。

それは、アナログ庁も必要だということです。

この考えを、数年前、色々な業種の経営者やさまざまな分野のエキスパートに話してみました。直感的な私の考えに、思った以上に同意する人は多かったです。この反応は今でも変わりません。

私は、何もデジタル庁の存在や役割を否定しているのではないです。世界の先進国や新興国の趨勢から考えても、そういう組織は必要でしょう。

デジタル庁という響きは、確かにインパクトはありますが、必ずしも、大衆がわかる言葉ではありません。そもそも、大半の日本人が苦手とする横文字です。もともと、デジタルという言葉には、苦手意識や違和感を持つ人は多かったわけです。

もちろん、大企業や洗練された組織に属している人であれば、そうではないだろうし、ＩＴの仕事に関わっている人にとっては、デジタルはなじみが深い言葉です。

ただ、一方に偏る風潮はとにかくバランスが悪いのです。特に人間は、言葉（特に単語）で固定観念が定着してしまいます。こうなると厄介で、アナログをないがしろにしている。優先順位を低くしている。どうしてもこんな印象がついてまわっています。

実際、ＤＸ化の推進の現場では、アナログが諸悪の根源かのような捉え方をしている組織も少なからずあります。中小企業やエッセンシャルワークの世界は、アナログのみの感覚の会社も多い。日本の社会的課題でもある高齢化社会に照らしてもそうで、シニアはアナログの印象が強いのです。

ではどうしたらよいのかですが、答えは、ほとんどの人がすでに知っています。

人間そのものはアナログであり、これからも変わらないことを。

アナログ＝人間らしさ。私はこう考えています。

例えば、どんな組織にでもある現実を考えればわかりやすいのです。

ＩＴを使わずにしている仕事をこれからは何と定義しようかということになる。

これをデジタルと対比していうならば、今までの業務はアナログ業務といえます。

日本の社会のエッセンシャルな現場はほとんどがこういう世界です。

実は、このアナログ業務そのものにも洗練され高効率で仕組み化された業務も沢山あります。それが今ま

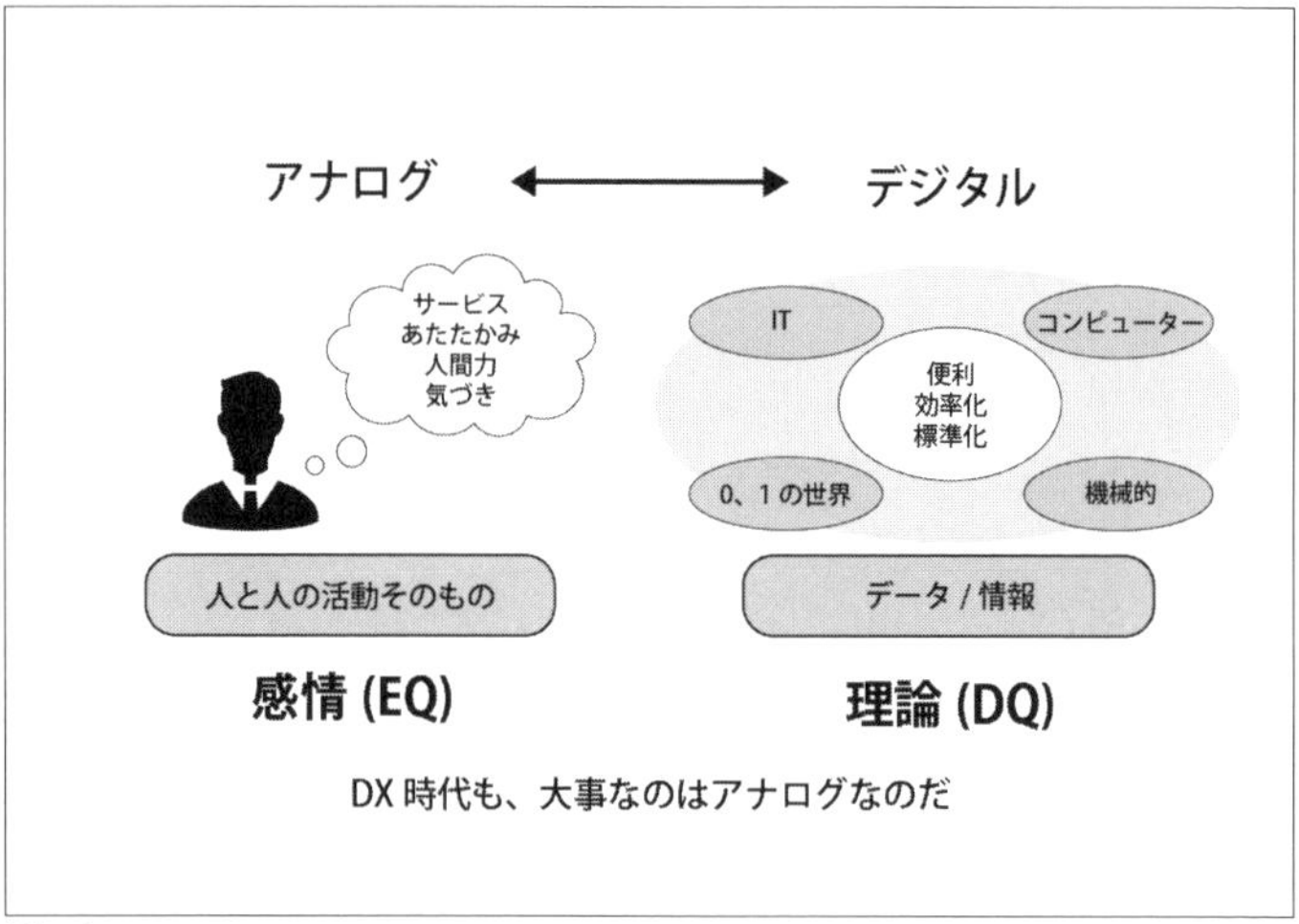

図1－1

での日本の強みの源泉であったわけです。それこそ、チームで仕事することは不可能と思われるような属人的な神業的な仕事もあります。

だから、単にアナログがダメでデジタルにすれば良いわけではないのです。ましてや、二者択一ではないし、二項対立でもない。比重は業界や業種によって変わりますが、これから世の中にＩＴ化がさらに進展するのは間違いないとして、常にアナログとデジタルの共存が重要なのです。

それを当社では、「デジアナ」と以前から定義してきました。

アナログ業務が大半の中小企業の次のステップは、デジタル業務化ではなく、デジアナ業務化であると。その先に、デジタル業務があるのか？ですが、よっぽど特殊な世界や分野でない限りは、そういう時は来な

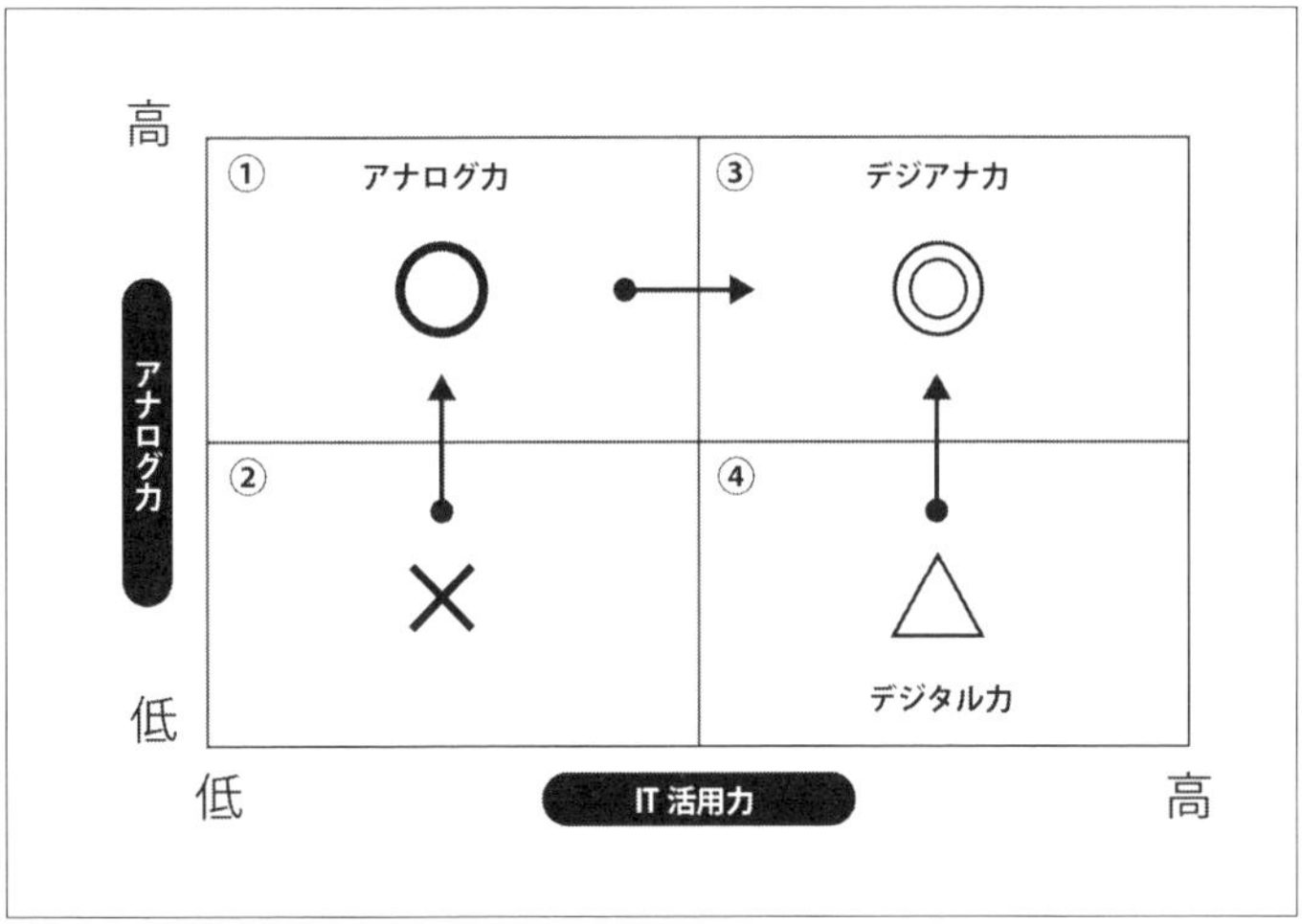

図1－2

いでしょう。人間がアナログである限りは。

テレワークって誰のため？

一度体験したら、やめられません。それがテレワークというものかもしれないですね。

私がブレインワークスを創業した30年前は、まだインターネットが存在しなかった時代。せいぜい電話回線を使ったパソコン通信が利用できたくらいです。テキスト文字の送受信です。また、ほどなく登場した携帯電話はいわゆる移動電話といって肩に担いで持ち運ぶものでした。

私は独立した時から在宅勤務の思考が強く、創業メンバーにもその形態で働いてもらっていました。当時流行ったＳＯＨＯワーカーです。事務所経費のことを考えれば効率的ですし、何よりも通勤がなくなるとハッピーです。

今のようにインターネットが普及していればそのハードルも低かったと思います。ＳＯＨＯという形態でスタートしましたが、やはり一つの組織がバラバラの場所で仕事をしていると会社経営という面ではなかなか成立しにくい。1年と経たずに事務所への出勤スタイルに変えた経緯があります。

これが今でいうテレワークです。今の技術の進化を考えれば、私の創業期と比べ、実現しやすい。そんなことはコロナ禍以前から多くの人がわかっていました。通勤する苦労の解消、子育てや介護をする人の働きやすさなどを考えれば、仕組みとしては、テレワークは随分前から可能でした。それがコロナ禍で一気に普及したわけです。

多くの人が「会社に行かなくても仕事できるな」と気づき、多くの企業も在宅勤務を導入しました。もちろん、そうはいかない職業も世の中に数多く存在します。医療や建設、物流などの業界に従事する方々、いわゆるエッセンシャルワークの方々は、コロナ禍においても現場に赴き、仕事をしていました。一方、オフィスワーカーの多くが自宅や近隣のシェアオフィスなどで仕事ができることを実感したはずです。

しかし、コロナ禍が明けるとどうなったか。答えは皆さんが知っている通りです。オフィスにまた人が集まって仕事をし始めました。テレワークでも仕事ができるということも実感しながら、またオフィスに皆が集まって仕事をしている。もちろん、誰もがテレワークで成果が出せるわけではないと再認識したこともあります。東京のように毎日の通勤を満員電車に揺られながらでも、皆が一つの場所に集まってくるのです。一つのオフィスに集まれば、皆が円滑にコミュニケーションを図れると信じている。この人間の本能的な特性と行動は、コロナ禍というパンデミックでも大きく変えることはできないという証左でもあります。

ただ、ここ数十年単位で見れば大きな変革だと思います。どこにいても仕事ができる職業が数多く生まれたことを私たちは改めて知ることができたわけです。インターネットの登場により、どこにいてもコミュニケーションを成立させることができる。また、情報が世界中から入手できる。十数年前くらいはSkypeを使って遠隔地間でコミュニケーションをとることが多かったです。私どもの社内では、その前から海外拠点と日本拠点にテレビ電話機器を導入して専用回線で会議を行っていました。それがSkypeなどのウェブツールが登場すると、極めて安価にそのようなコミュニケーションがとれるようになりました。

今はどうかといえば、Zoomなどを利用するのは当たり前となり、FacebookなどのSNSツールやLINEなどでもお互いの顔を見ながらコミュニケーションが図れます。かつて数百万円かけてテレビ電話機器を導入していた頃を考えれば隔世の感です。この数十年で人間の仕事における物理的な場所と物理的な距離の制約の課題解決においては、大きな変革が起きてきたのです。

この変革というワードは、時にイノベーションといわれます。それゆえに、結構、身構えてしまう仰々しい言葉ともいえます。その意識とITに対する苦手意識が重なると現実に起こっていることが、等身大では見えにくくなります。特に、IT業界というミクロな世界に身を置くととかく『技術の進化』ばかりに目を向けがちです。確かに技術の進化は目を見張るものがあります。一方私たちの仕事のやり方や現場に目を向けると、劇的な変化がいくつもあったわけではないです。この意味での身近な変化としては『コミュニケーションの多様化』『情報の流通量の激増』にあると思います。

この情報の流通の仕組みがこの十数年の間に大きく変わり始めている。インターネットの登場はもちろん、SNSの登場で情報というものが以前と比べ、誰もがどこにいても、受け取ることも発信することも容易になったわけです。しかし、何度も繰り返しますが、私たちの仕事や生活の根幹的な何かが大きく変わったわけではない。

今は仕事においてもIT環境を享受できる人とできない人、関係がない人が混在している社会です。社会全体がITやDXでガラっと変わったかというと、実はそうでもないわけです。ITを使ってできることが増えたという捉え方でよいかと思います。

ＡＩは人間にとって何なのか？

ＡＩという言葉、今や大衆も知っているという意味では、ＤＸよりはるかに有名でしょう。

私は、以前からＡＩ君と呼んできました。

拙著『もし中小企業の社長がＡＩだったら？』でＡＩについての考え方、付き合い方を書いたこともあります。


私が以前からＡＩ君と呼んできたのはそれなりの理由があります。

それは、ＡＩに苦手意識を持たず、常に親しみを持って、私たちのメリットになるようにツールとして付き合っていきましょう。という意図です。

実際、ＡＩといえないだろうものやサービスまで、ＡＩを使っていますと謳う世の中です。

何やら、二十数年前のＩＴ革命の時と同じであり、相変わらずの便乗商法作戦なのです。


この先のＡＩの脅威やリスクも色々と語られています。それをいうなら、私たち人間が他にも心配しないといけないことは、戦争をはじめ現代社会には沢山あります。私たち一般人や会社で使う範囲では、ＡＩは必要以上に恐れるようなことはないし、逆に特定分野を除いては、ＡＩは世の中を変える秘密兵器でもありません。

もちろん、専門家はじめ色々と立場での意見はあるでしょう。私は、大半の人にとっては、ＡＩも一つのＩＴツールと捉えるのがシンプルだと考えています。ＡＩそのものを研究開発する専門家以外の人は、例えば、ＥＸＣＥＬぐらいに思えばよいと思います。30年以上前に登場して、いまだに世界で使われ続けていて、しかも進化し続けるＥＸＣＥＬ。

ＩＴツールは、結局は私たちがいかに使いこなすかです。ＥＸＣＥＬ自体の豊富な機能を上手に使いこなせているとは言い難い部分もあります。

そういう意味では、最近話題に上ることが多い、業務を自動化できるといわれているＲＰＡ(Robotic Process Automation) も同じようなものでしょう。

このようなわけで、ＡＩは特定の専門家ではない限り、ツールとして考えるほうが、有効活用の方策が見えてきます。だからＡＩ君なのです。

実際、今回のＡＩブームは10年ほど前からだと思います。それ以前にもＡＩというワードは過去何度も専門家の間での流行はありました。今回は、これが大衆化されたから余計に気になります。今も生成ＡＩの代表選手「ＣｈａｔＧＰＴ」は大注目です。ＡＩをいかにビジネスに取り込めるかを企業や専門家などが躍起になって議論、試行錯誤しているところです。

このＡＩによって失われる仕事の議論も続いています。シンギュラリティという言葉もメディアで頻繁に登場し、ＡＩが人類の知性を上回り大きなパラダイムシフトが起こるともいわれてきました。これはある一面だけを見れば確かにその通りだと思いがちです。ただし、ＡＩが人間のあらゆる職業を駆逐していくのか、という論点には首を傾げざるを得ないわけです。確かに、会計士や税理士のようないわば免許事業的な側面を持つ特殊能力が要求される職業もなくなるという主張を見ると、将来を不安に感じる人も多いと思います。

ただ、それは特別なことではなく、歴史が繰り返されているだけだと私は捉えています。考えてみれば、ＩＴに限らず技術の進化は今に始まったことではありません。かつて産業革命が起こって工場の機械化が始まり、今では産業用ロボットが当たり前のように稼働しています。人間ができない仕事ではなく、人間が行うと時間と労力がかかるから効率化が進んだだけの話です。

今はそれがＩＴの世界で進行している。突然始まったわけでなく、ゆるやかに職業は消えては生まれ…を繰り返しているわけです。例えば、工場で働くロボットが誕生して工場作業員の仕事は減少しました。しかし、代わってこの産業ロボットをつくりあげる際に必要となる設計やプログラミングの仕事は新たに生まれたわけです。

印刷の世界を見ても、活版印刷が主流を占めていましたが、今では大量印刷や多様な印刷物に対応しやすいオフセット印刷にその座を譲っています。

技術の進化で急に職業がなくなるわけではありません。失われた職業はあるかもしれませんが、代わって新たな職業が生まれてもいます。ただし、人間はどうしてもネガティブな方に着目しやすい性質があります。そのため、「○○がなくなる！」というフレーズを見ると、急に不安になってしまいます。物事には必ず表裏があるわけですから、そこを冷静に見つめないといけないわけです。

では、ＡＩが適した仕事とはなんでしょう。

例えば、広辞苑（第七版）では、ＡＩを『推論・判断などの知的な機能を備えたコンピューターシステム』と説明しており、人工知能学会（※日本における人工知能に関しての研究の促進と普及を図る学会）では、ＡＩを『大量の知識データに対して、高度な推論を的確に行うことを目指したもの』と定義しています。

身近な例でいえば、それは高度な計算能力と正確性や判断力が求められる仕事であることはおわかりになるかと思います。また、人間の代わりに、さまざまなチェックをしてもらうことも期待大です。

あと、機械と捉えた場合、故障さえしなければ、ずっと動いてくれます。人間とは違うところです。これは永遠に変わらないかもしれません。

一方で、人間の機微が求められる場面では、ＡＩの代替はあり得ないでしょう。永久に人間の役割でしょう。例えば、企業活動における人事面談の場面もそうです。そのような人間のデリケートな感情をくみ取る必要のある時に、ＡＩではダメでしょう。仮にＡＩがする人事評価が公平で完璧だったとしても。職場の上司はＡＩでも構わない人がいるかもしれませんが、人間社会はそこまで無機質な世界を求めているわけではありません。

知的な仕事で考えても、答えはシンプルです。

今の段階の生成ＡＩでも知的なハイレベルの仕事をこなす人には有用でしょう。それは使う人の考え方や使い方が優れているからです。この1、2年、私の知り合いがＡＩに真剣に取り組んでいますが、皆、使いこなす下地がある人ばっかりです。例えば、その一つのスキルは、質問力でしょう。今のところ生成ＡＩは対話してなんぼです。センスのある質問力がものをいうのです。

それ以外の人にとっては、便利な新たなツールが登場したと捉えることで十分です。知らないところで、ＡＩが組み込まれることは拡大しても、世の中の人皆が、ＡＩ君と直接向き合うことは、この先増えることはないと思います。

世の中の全員がＥＸＣＥＬを使わないのと同じ理由です。ＡＩ君も必要な人だけが使えばよいのです。

ＤＸといいながら、実態はＩＴ？

ここまでは、今話題のインパクトのあるテーマや変化に視点を置いて、書いてきました。

では、結局ＤＸとＩＴは何が違うのか？

この答えがすぐに出せる人は、よっぽどの専門家か、視野が狭い単なる世間に流されやすい思い込みの強い人でしょう。

正直、ここまで、対象範囲や使い方があいまいで、立場によっていうことや解釈が違う言葉が他にあるでしょうか？ 皆が商売や立場のために我田引水で使っているのがほとんどです。紛らわしい表現であるバズワードを山のように生み出してきたＩＴ業界の中でも、特に突出している言葉です。

改めて、世間はというと、ＤＸという言葉が各メディアの紙面に躍り、大騒ぎしている状況です。まだしばらく続きそうな空気です。

ここで述べておきたいのは『中小企業や一般的な組織レベルではＤＸといいながら、今までのＩＴと何も違わない』ということです。当社の組織運営や顧客サービスにおけるＩＴやＤＸの定義については、本書の中で随時述べていきます。

今となっては遠い昔になりましたが、かつてもＩＴという言葉がブームとなり、皆がその言葉に翻弄されました。私自身は約40年間、コンピューター業界に身を投じ仕事をしてきました。あらゆる業種・業態、そしてベトナムやルワンダなどの新興国においてもＩＴをいかに活用できるかに腐心してきました。

ＩＴを説明しろ、といわれると実は色々な解釈や説明ができます。ただ、それでは逆にややこしくなるので、まずは基本的な説明をしておきます。

ＩＴはインフォメーション・テクノロジーの略です。そのまま直訳すると「情報技術」のことです。情報技術というと何だか小難しそうに思えますが、そもそもＩＴという言葉が世間で使われ始めたのは二十数年くらい前からです。それ以前はオフィスにおいては業務のオートメーション化などといわれ、行政や病院、大学でもそんな表現が一般的でした。このオートメーション化をコンピューターでやらせようとし、さらにそこにインターネットが登場した。そうするとこの流れを英語で表現しようとしたものがＩＴだったわけです。

２００1年に『だから、中小企業のＩＴ化は失敗する』というタイトルで書籍を上梓しました。この発刊をきっかけに、中小企業だけでなく大企業や官公庁・自治体まで幅広く仕事をさせてもらいました。携わって40年間、オフィスオートメーション（ＯＡ）化がＩＴ化へ移行して、どうやって広まっていったかもよく理解しています。ＩＴという言葉を使っていれば、なんとなくそれなりに先進的に聞こえることが多かった時代もありました。

ただ、ＩＴの時代になってからは、とにかく技術的な進化は加速しています。

「では、そのＩＴとやらで何をするのか？」という話になると、そもそも目的もあいまいなことに加えて、何のツールを使うのが正しいかがわからない。極端なことをいえば、ツールがあり過ぎて何を選んでよいかわからない状態になってしまった。わかったようで、わからない。だから、皆が翻弄されるわけです。

例えば、私たち日本人が「移動（モビリティ）」ということを考えた場合、歩き以外では、まずは自転車に乗るか、バイクに乗るか。選択肢を並べていっても、飛行機や電車、バスなどその手段はおおよそ出揃っています。モビリティの視点でいえば日本に自動車が誕生しておよそ120年。一般家庭に本格的に普及し始めて半世紀くらいです。私たちは自動車については長い時間をかけて社会の中で、ようやく使いこなしてきた段階ではないかと思います。

ではITはどうかといえば、まだ登場して四半世紀ぐらいで歴史も浅い。さまざまな専門家が色々なことを発信しています。ようやく皆がITについてつかみかけてきたところ、わかりかけてきたところではないでしょうか。人間に例えれば、小学生低学年ぐらいだと思います。このようやくITがわかりかけてきたところに、飛び込んできたのがDX。そりゃ「次は何だ？」となります。

私自身、DXの説明をしろといわれると、それなりにできます。でも、それはITのときと同じで、相手の立場や組織、環境によって異なってきます。DXを推進している経済産業省の公開しているDXの定義を見ても、わかったような、わからないような…。学者がそれらしい定義を発表していても、実体はわからぬまま。十人十色・千差万別でそれぞれいっていることも違う。そうなると、やっぱりわからないというのが率直な感想です。

やはり、私としては原点に立ち返り、ITの変遷のことをしっかり理解しておくべきだなと思います。猫も杓子もDXと唱えている時代ですが、正体はよくわからない。でも、毎日のようにメディアで喧伝され、乗り遅れると大変なことになるという切迫感を抱き、翻弄されてしまう。思い出してもらいたいですが、「IT革命」という言葉がブームになった当時も企業関係者だけでなく、一般の方々も同じ心境だったと思います。乗り遅れると大変なことになる…と。今のDXブームもそれに近いわけです。

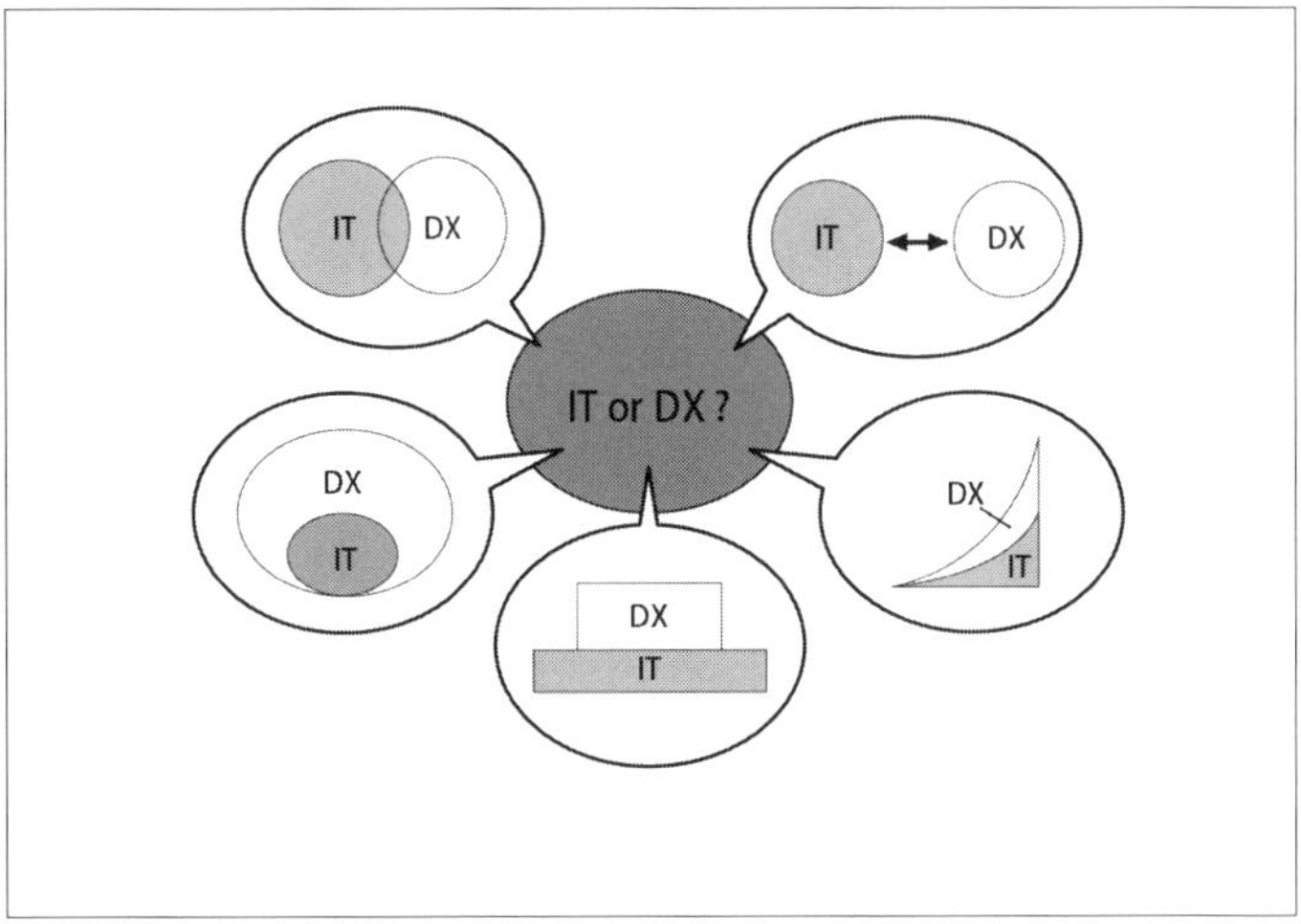

図1－3

両者の違いは置かれている組織や環境で説明が異なりますが、根幹にあるのはＩＴからの延長にＤＸがあるという流れを把握しておけばよいのです。

ＩＴもＤＸも魔法の杖ではない

コロナ禍においてＩＴ化やＤＸ化は一つの大きな転換期にはなりました。政府もコロナ対策用にアプリを開発してスマホにインストールさせようとしました。海外渡航者には「Visit Japan Web」のようにＰＣＲ検査などの証明書をスマホにアプリ登録できるようにしました。簡便化が目的でもありますが、その他にも感染症対策の一環としてＩＴ化やＤＸ化の波は押し寄せました。

しかし、コロナ禍でてんやわんやの頃を改めて思い直すと、いくら非接触対応にしようが、感染者をアプリで追えるようにしようが、抜本的な対策ではないのではないかということです。防ぐという観点で考えれば、コントロールすること自体が極めて困難。これは日本だけでなく、世界各国見ても同じです。そのような状況で感染症対策だけのためにＩＴ化やＤＸ化を進めようという雰囲気がまん延していたことは、本末転倒の極みだと思います。

創業した30年前の頃からの当社の持論でもあるのですが、ＩＴは魔法の杖ではない。ＤＸもまたしかりなのです。

一昔前の話になりますが、企業にシステム化（ＩＴが登場する以前の言い方）などの話で訪問すると、トップや担当者が勘違いしているケースがよくありました。そもそもコンピューターはツールに過ぎません。それらを導入したところで、役には立つかもしれませんが、組織が劇的に何か様変わりすることはありません。でも、それを期待してしまう経営者が本当に多かった。逆にＩＴ化を進めることによって社内で不平不満を助長したり、新たな非効率を生み出したりして、以前のままの方がよかったなんて笑えない話もあります。

ツールを使用するのは人間です。人間の行動様式を変えなければならないことが抜け落ちてしまうのです。このことが理解できている経営者はブームが来ようが来まいが、ＩＴやＤＸという響きに過度な期待は抱きません。これは今も昔も変わらない真理です。

企業や組織のＩＴ推進の失敗話は、この20年枚挙にいとまがありません。ＩＴ業界雑誌などは、失敗事例の特集の時が一番売れるというのが現実です。

それだけ、成功する事例は少ないのです。

こんな業界が他にあるとは思えないほど、わかりにくいのです。例えば、建設業界はＩＴ業界に比べて、専門家以外でもよく見えます。建設は私たち生活者にとっては、身近で極めてわかりやすい。住居、ビル、商業施設、駅、病院…生活に関わる社会インフラとして日々接しています。もう古い話になるが、私にとっては阪神淡路大震災に遭遇した経験は青天の霹靂で衝撃的でした。それに加えて、壊れた建物から工事の手抜きが明るみになったことには、建築の世界に関わってきた私としては、大きなショックを受けた記憶があります。

こういう業界と比べて、ＩＴ業界は失敗が当たり前の風潮すらあるのです。良い悪いの前に、見えない分、ＩＴ業界はそういう業界でもあると知っていた方が良いです。

日本は何と比べて遅れているの？

日本への悲観論は特にＩＴやＤＸというテーマにおいても、色々といわれています。ＩＴ後進国であるとかＤＸ化が途上国や新興国にも劣っているとか。ここまで述べてきたように、日本においてもＩＴやＤＸの恩恵と同時に弊害も、社会生活の中で知らないうちに広まっています。

今やクラウドサービスでさまざまなサービスの恩恵を享受することもできます。昔は会社の会計ソフトは高額な製品を社内のパソコンにインストールして、経理担当がいじっていた。だから職場に出社しないといけないし、セキュリティもあるので、そのパソコンでしか担当者は使用できないようにしていたわけです。そんな世界がコロナ禍の中でも浮き彫りになり、「ウチはこのままではマズいな」と思った経営者は積極的にクラウドへの移行も進めていると思います。

職場以外でもできる仕事が増えた。会議も参加者の顔を見ながら自宅でもできるようになった。この世界がさらに10年後にはどう変わるのか？　ＡＩの翻訳機能が飛躍的に向上し、世界中の人と同時通訳状態でコミュニケーションがとれるかもしれない。本当に紙の契約書が全廃され、あらゆる契約書が電子化されるかもしれない。電子マネーの進化が進み、紙幣がなくなるかもしれないのです。

ただ、紙の契約書や紙幣が残っていたら果たして「遅れている」のでしょうか？　どうもＩＴ業界は競争を煽りたてる傾向が強い。私たちは一体何と競争しているのか。比べる相手は誰なのか。そもそも、日本と他の国を比べる必要があるのでしょうか。スマホをビジネスに活用すれば、その競争で一歩前に出ることができるのでしょうか。

私はそんな競争に振りまわされる必要はないと思っています。なぜならば、日本という国は、

ＩＴやＤＸの登場前から、ハイレベルなサービスもきめ細かい機能提供も行き届いた社会を、アナログをベースに仕組み化することで見事に創り出しているからです。日本はこの意味では、世界一ともいえます。途上国などに行けば、道路は未舗装でジャリ道ばかり、電車などの交通インフラも未整備、タクシーなどもあるはあるけど安全性はどうなのか…という国はごまんとあります。そういう国がＩＴやＤＸの力を借りて、国の生活水準を高めていこうとする取り組みなら理解できます。何も整備されていない状態であれば、使えるものは使うのが、シンプルな人間の行動だと思います。しかし、日本を見るとどうも首を傾げてしまうことが多いのです。

例えば、日本のように国土の狭い国で配達にドローンを使おうという。田舎ならまだしも、都会の真ん中でも本気で考えている人がいる。人手不足で物流業界も大変なのはわかります。しかし、まず解決すべきはそこではない。いくら安全になったとしても、では、空を見上げた時の景観は一体どうなるのか？　そんなことを犠牲にするぐらいなら、私たち顧客が、昔のように自分で運ぶことも必要ではないでしょうか？

東京や大阪のような大都会で1時間待ってもタクシーが来ないという場所はそうそうないでしょう。田舎に行けばそういう場所は沢山ありますし、今はインバウンド客がタクシーを独占してしまうということもあります。ただ、都会で生活していて「呼びたいときに迅速にタクシーが来てくれないと困る！」というのは、切迫した社会問題なのかと。ならば、電車や地下鉄に乗ればいいのでは、と思ってしまうことも少なくありません。生活者が変わればよいのです…。

当社が事業を展開しているベトナムは、今でこそ経済成長が著しく日本だけでなく外国企業がこぞって進出するようになりました。しかし、20年前などは大都会であるホーチミンにおいてもバスは時間通りに来ず、タクシーはいつ高額な乗車料金を突きつけられるかわからない環境でした。人々の移動手段の大半はバイクです。道路がバイクで大渋滞となり、交通ルールもあってなきに等しい状況でした。そんな世界に安心・安全を確保できるライドシェアが登場すればおおいに社会生活の向上に一役買うはずです。公共交通インフラが脆弱である世界をＩＴ化やＤＸ化で変革をもたらすというのは大きな意義があります。

翻って日本を見ると、基本的な社会インフラがしっかり整備された便利で豊かな国です。それでも、人間の欲求にはきりがなく、生活をしていて不便に感じることは細かいところにいくつも出てくると思います。しかし、人間が生活するという広義の視点で眺めると、日本は基本的な便利さは皆が享受できる社会です。途上国や新興国の置かれた環境とは異なります。この状況で、さらに便利さと快適さを追い求めるためにＩＴ化やＤＸ化を推し進め、その取り組みが世界から遅れていると嘆く人も多い。
日本はストレス社会と世界からも呼ばれます。朝の通勤電車が1分でも遅れるとストレスに感じる人も多い。先にも述べたようにタクシーが10分捕まらないだけで「この国はおかしい！」と叫ぶ人もいる。最近は、こういう行為がカスハラとして話題になっていますが、何も今に始まったことではありません。顧客がわがままになり過ぎた（顧客をわがままにし過ぎたともいえる）結果、モンスタークレーマーが急増していた背景が以前からありました。

さらに便利な機能を、さらに便利なサービスを目指して、企業も人も突き進んでいく。ただ、何を目指しているのかが今一つわかりません。冒頭で述べた、ＤＸという言葉で振り回される企業も同じです。他社に後れをとるな、と社内にプロジェクトチームを作ってＤＸ推進チームと命名して、業務改善に向かうわけです。今でも十分、効率的で機能的な組織なのですが、それでも数千万円かけてプロジェクトを推進する。そうしないと世間から遅れているかもしれないという不安が迫ってくる。

ＤＸ化しているという事実だけで少しは安心できるという心境かもしれません。ただ、それを繰り返すとさらに疲弊するだけです。何のために、誰と競争して、何を目指しているのかわからない。

大切なのはＩＴやＤＸという変化を意識し過ぎずに、生活者や社会の変化に柔軟に対応できる準備をしておくことではないでしょうか。先ほども述べたように、「これがなければ生活や業務に支障をきたし、生死に関わる」という課題であれば優先して最速で取り組むべきです。しかし、日本は先人たちのおかげで、こと社会生活という観点においては素晴らしい生活基盤が確立しています。それでも不便や安全が脅かされる事象もあるかもしれません。しかし、途上国や新興国の生活インフラと比べれば、心に余裕を持てるレベルにあります。

会社経営においても、「ＤＸ化していないから存続できない」というほど日本の社会はドラスティックな変化は起こらない。

結局、コロナ禍後は、会社に皆で集まり、顔を突きあわせて仕事する。歓迎会なども開催している。対面で話したりコミュニケーションしたりする価値や意味に改めて気づいたということでしょう。

流行りのバズワードに振り回されないためにも、その点をまず心に留めおいてＩＴやＤＸに接することが必要なのではないでしょうか。

第2章　ＤＸより先に知っておくべきことがある

DXはITの延長と理解するべし

改めて、私たちはDXが何物かということを考えるべきではないでしょうか。すでに述べましたが、かつてのIT革命と何が違うのか、ということも含めてです。このIT革命の大騒ぎのときと比べてみるとよくわかると思うのですが、議論の中身を見てみると6～7割はその当時と大差はないのです。

DXが何物かという本質を考える際に、ITは新種の社会インフラと捉えてみると良いと思います。理由はシンプルです。交通インフラ、通信インフラ、建設インフラ、エネルギーインフラなど、ありがたいことに日本のような国は、このような社会インフラがとても充実しています。ITは進化する過程で、社会インフラ化してきました。その最大の転機はインターネッ

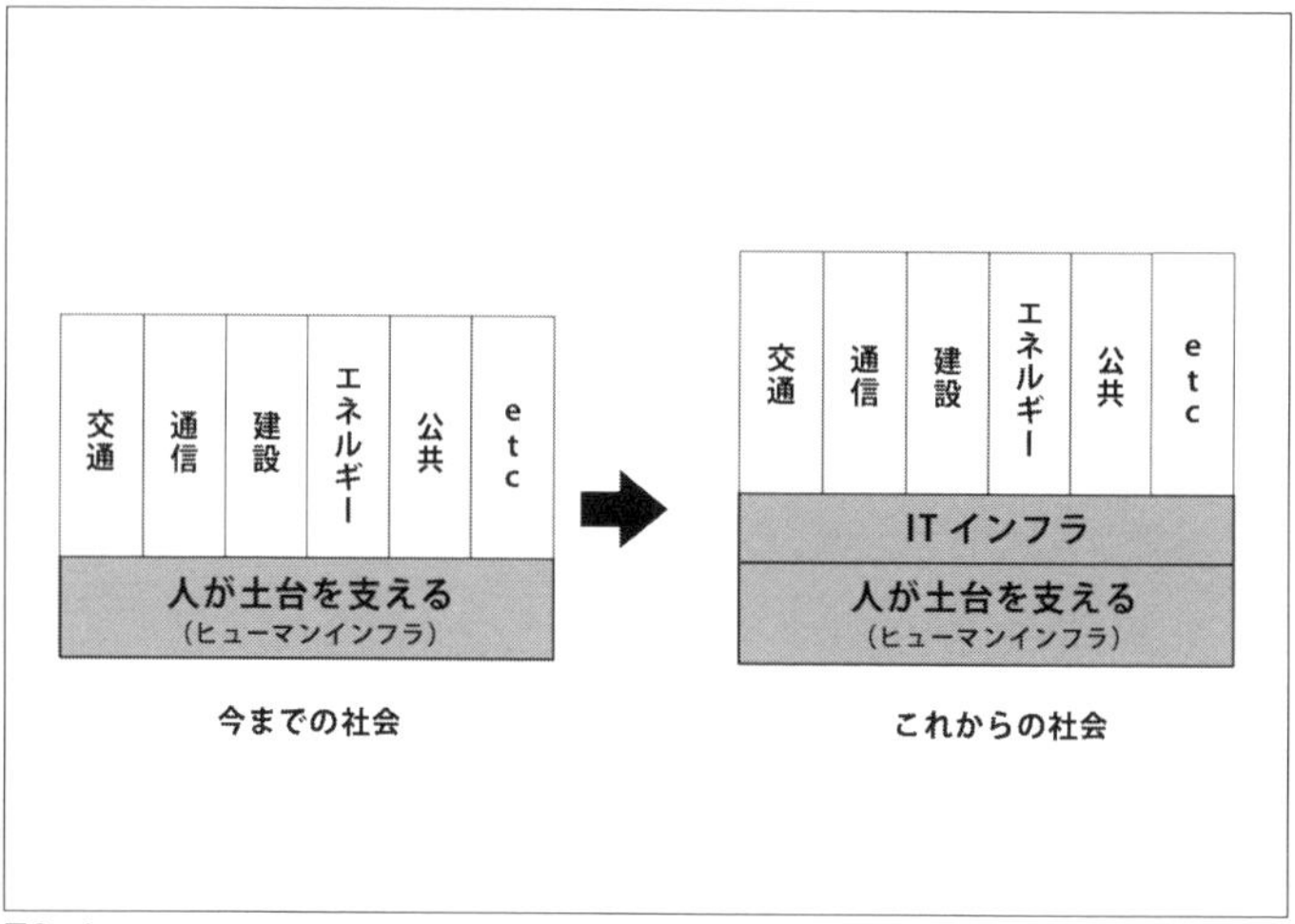

図2－1

トです。この新種のインフラを上手に活用して、より良い社会や産業を構築しましょう。こんな捉え方です。

その基盤の重要な構成要素が、世界中の隅々まで張り巡らされつつあるインターネットです。世界中の海に敷設されている光ファイバーの海底ケーブルもその一つです。ネットは電波だけで成り立っているわけではありません。

これだけ世界がつながれば、自然と、そこにつないで生活もビジネスもしようよ、ということになると思います。もちろん、生活者の行動や思考も変わります。その影響で商売の仕組みも変わります。

とはいえ、普通の企業や中小の企業経営者として考えると、このＤＸへの関わり方は当面は、次の２つくらいを考えておけば十分です。

それは、

①自らが生活者として、変化に敏感になる。

②そして、その変化に組織を適応させる。

です。

まずは、前者について考えてみましょう

①「自らが生活者として、変化に敏感になる」とはどういうことでしょうか。

ＩＴ社会が進展する中、生活者は、使うだけの立場なので、変化に敏感だし適応も早い。この感覚を経営者も身につけておきたいところです。

例えば、スマホが登場したことによって、利用者も右肩上がりで増え続けた結果、生活の一部にこのスマホが組み込まれることになった。学生はスマホがなければ友人間のコミュニケーションもとれずに孤立することがあります。今では高校でもスマホで欠席連絡を行い、生徒への連絡手段もスマホアプリ経由で行っているところも少なくありません。

「スマホを持たせるなんて、まだ早い！」なんて頑

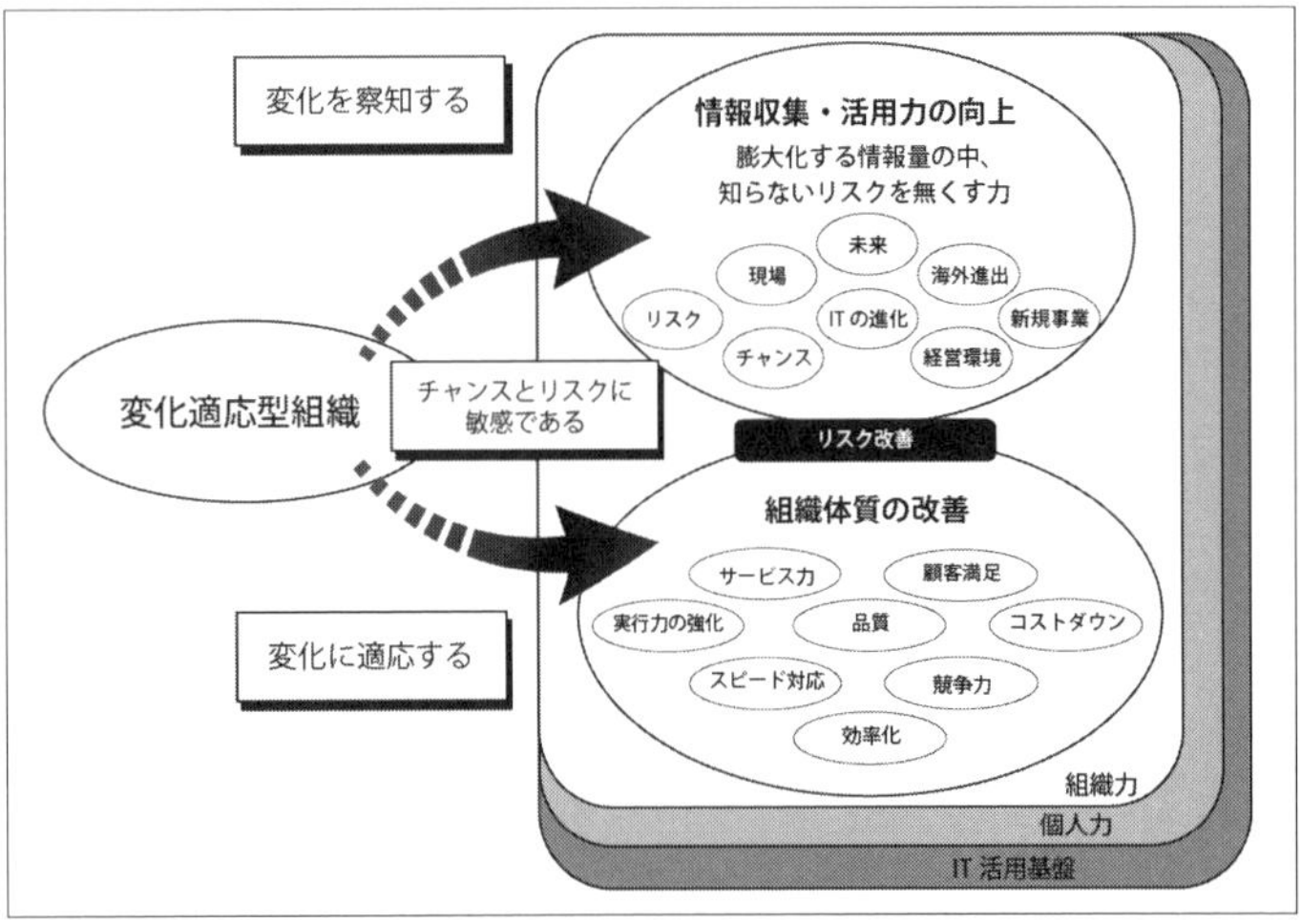

図２－２

固おやじのようなことをいっている時代は過ぎ去り、当たり前のように若い世代がスマホを生活の一部に取り入れています。社会人になれば、スマホが仕事のツールの一部と化し、ますます自身の生活から切り離せなくなる。今まではパソコンがその役割を果たしていたはずですが、性能と機能の向上により、同等以上のやり取りがスマホで完結できる時代になってしまいました。

あわせて、その余波は当然、高齢者へも及びます。子供や孫とコミュニケーションをとるためにスマホを使ってアプリの操作を懸命に覚えるようになる。少し使えるようになれば、その便利さに気づいた高齢者もスマホを当たり前のように生活の中に浸透させていきます。

経営者の視点で見れば、まずこの生活者の環境の変化に適用していかなければ、商売の維持存続は難しくなります。

では後者の、②「変化に組織を適応させる」とはどういうことでしょうか？

当社では、顧客に変化適応型組織への転換を勧めてきました。

この変化適応型組織を実現するための要素を２つに分けています。それは、変化を察知できることと、変化に適応することです。

変化に気づかなければ、適応することは不可能です。そのためには、変化察知力を磨くトレーニングが必要です。社内最適だけを考えているとこの変化には鈍感になります。会社よりも社会の変化の方が格段に大きいのです。そのギャップを認識して、変化適応型に組織を変えていくことが大事です。

経営者の視点として大切なのは、結局は、先にも述べたように生活や仕事の環境の変化を敏感に捉えておくということに集約されると思います。

実はこう考えていくと、DXを冷静に、客観的に見つめることができると思います。自身の会社経営において、まずはその経営環境の変化を改めて見つめ直すことが必要です。社内を見渡せばもう少し効率化したい、今まで以上にコストを抑えたい、自社の商品を世界に向けて販売したいなど、課題や目標はさまざまにあると思います。ただ、その実現にIoTやAIを無理やりこじつけてDX化という結論を見出すことは本末転倒です。無理にDXにこじつけることでなく、今まで進めてきたIT活用の延長線上で考えても十分に課題解決できることは多いはずです。

もう一つ、付け加えておきたいことがあります。

経営者の中には、勇気果敢にダイナミックな事業創造を志す人もいるでしょう。

本気でリスク覚悟でDXの世界でビジネスを構築したい人はどうすればよいのか、悩ましいところです。

要するに、ＤＸを使って世の中を変えるような仕組みを作ろうということを考える場合です。ＧＡＦＡＭやソフトバンクのような革新的な技術やサービスで世の中に大きな変革をもたらす企業が登場しました。そういうことを目指すならば、日本は、この分野では遅れているのは確かです。

なぜかといえば、世界規模でプラットフォームを運用するわけですから、単純なＩＴ活用の話ではないからです。世界中のあらゆる人に向けて事業を展開するので、こういう場面でＤＸの本領は発揮される。起業家の中には、そういうチャレンジを目指す人もいるでしょう。それこそ、ビル・ゲイツやスティーブ・ジョブズのように革新的なサービスで世界中の生活と仕事の環境を一変させてしまう例を私たちは見てきました。しかし、中小企業などのＤＸ化を語る場合、そのような例と対比させて捉えると、あまりにも浮世離れした話になりがちです。

今やＩＴは経営資源の一つとなった

今は、ＩＴも経営資源の一つとして考える時代といわれると、ピンとくる人がどれだけいるでしょうか？

経営資源が、人、もの、かね、情報といわれて久しい。最近の経営の現場における実際の使い方としては、経営資源にはさまざまなものが追加されています。例えば、顧客資産や技術ノウハウ、ブランド、時間などもそうです。最近は、自然資本という概念も出てきました。こういう風に見ると、解釈は自由だという時代ですが、どの企業も関わりがあるものという意味でも、ＩＴが経営資源というのは、とてもわかりやすいと思います。

私が創業した約30年前、情報が経営資源といわれてもピンとくる人は少なかった。それがこの30年の間に、あいまいとはいえ、情報は経営資源である、と経営者なら誰もが認識するようにはなりました。

今は、ＩＴも経営資源の一つです。こういう話をすると、経営者の皆さんの反応はまちまちです。昔、経営資源に新たに加わる形で登場した情報に対する反応と似たようなものだと思います。経営資源は、なくてはならないものとした時に、今、ＩＴをなくして経営ができるかを考えてみましょう。シンプルにいえば、こういうことなのです。

これらの経営資源を活かして、何かの目的達成のためにＤＸに取り組むと考えると、ＩＴとＤＸの位置づけも明確になってきます。

ＩＴは経営資源であり、経営課題の一つでもあり、ツールであるといえます。そういう観点からいうと、ＤＸは経営で達成するべき目的の一つや方法論と考えれば、ＩＴという経営資源を有効に活用して、ＤＸを成功に導くということになります。

ちなみに、中小企業の経営の三大課題は、資金、販路、人材といわれてきました。今は、ＩＴを加えて、四大課題と考えるのが自然です。

ＩＴリスクを知ることも重要

ＩＴやＤＸを語る上で、メリットは数えきれないほ

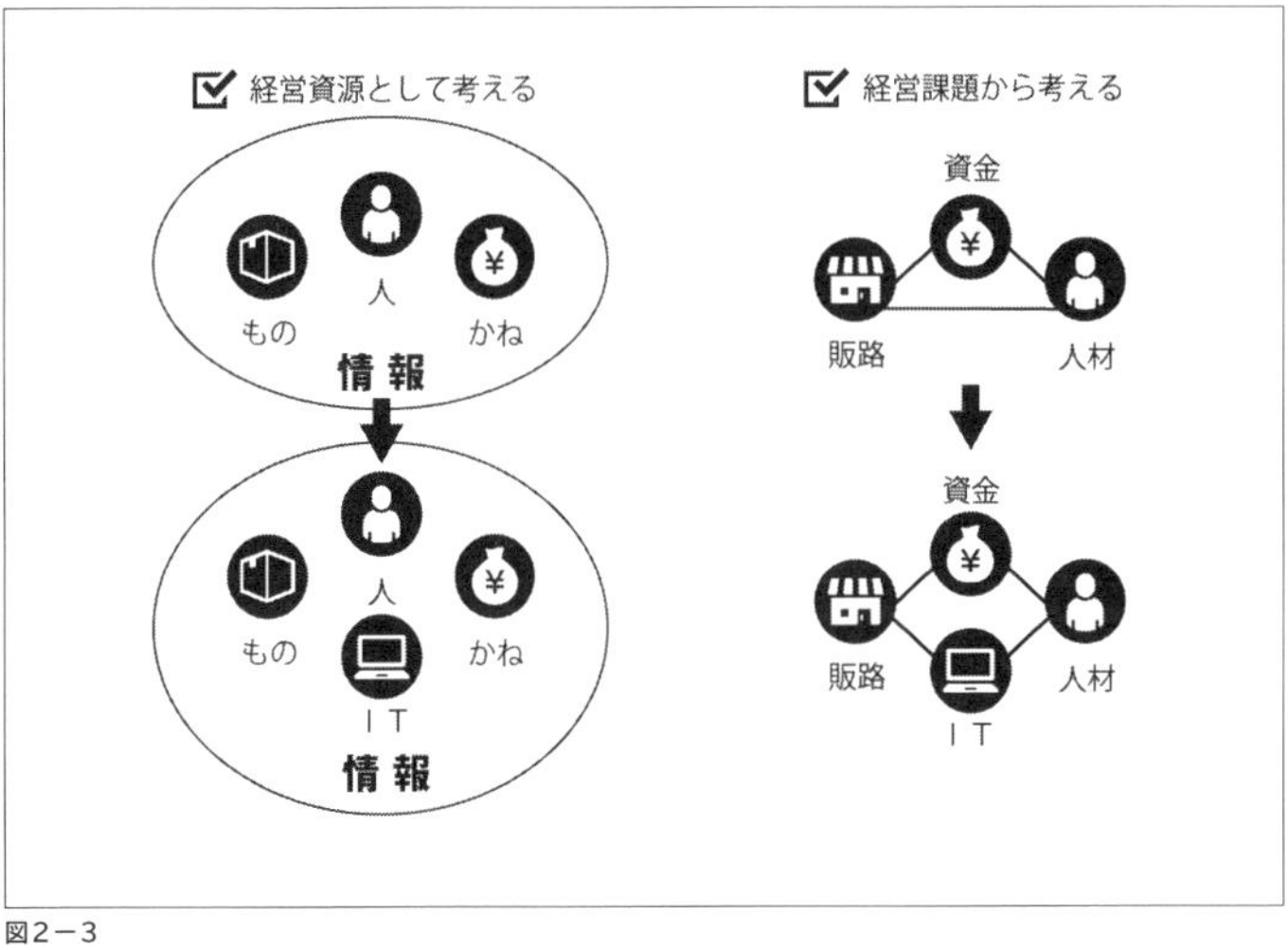

図２－３

ど挙がってきますが、デメリットはないのでしょうか。言い換えればリスクです。

ＩＴを活用することによって生じるリスクのことを当社では、以前からＩＴリスクと定義しています。

包丁だって自動車だって、その使い方でメリットは多く語ることができます。包丁は道具ですから、料理の際にあらゆる素材をさばくことができるわけですし、自動車も移動の利便性向上という誰もがわかるメリットが思い浮かぶはずです。一方で、これらは人を傷つけることができる凶器にもなりえるわけです。包丁はいわずもがな。自動車も事故を起こせば、相手の命を奪うかもしれません。物事には二面性があることを私たちは覚えておかないといけないのです。

ＩＴやＤＸも同様です。会社の中でいえば、業務効率化や省力化、販路開拓などメリットは数えきれない

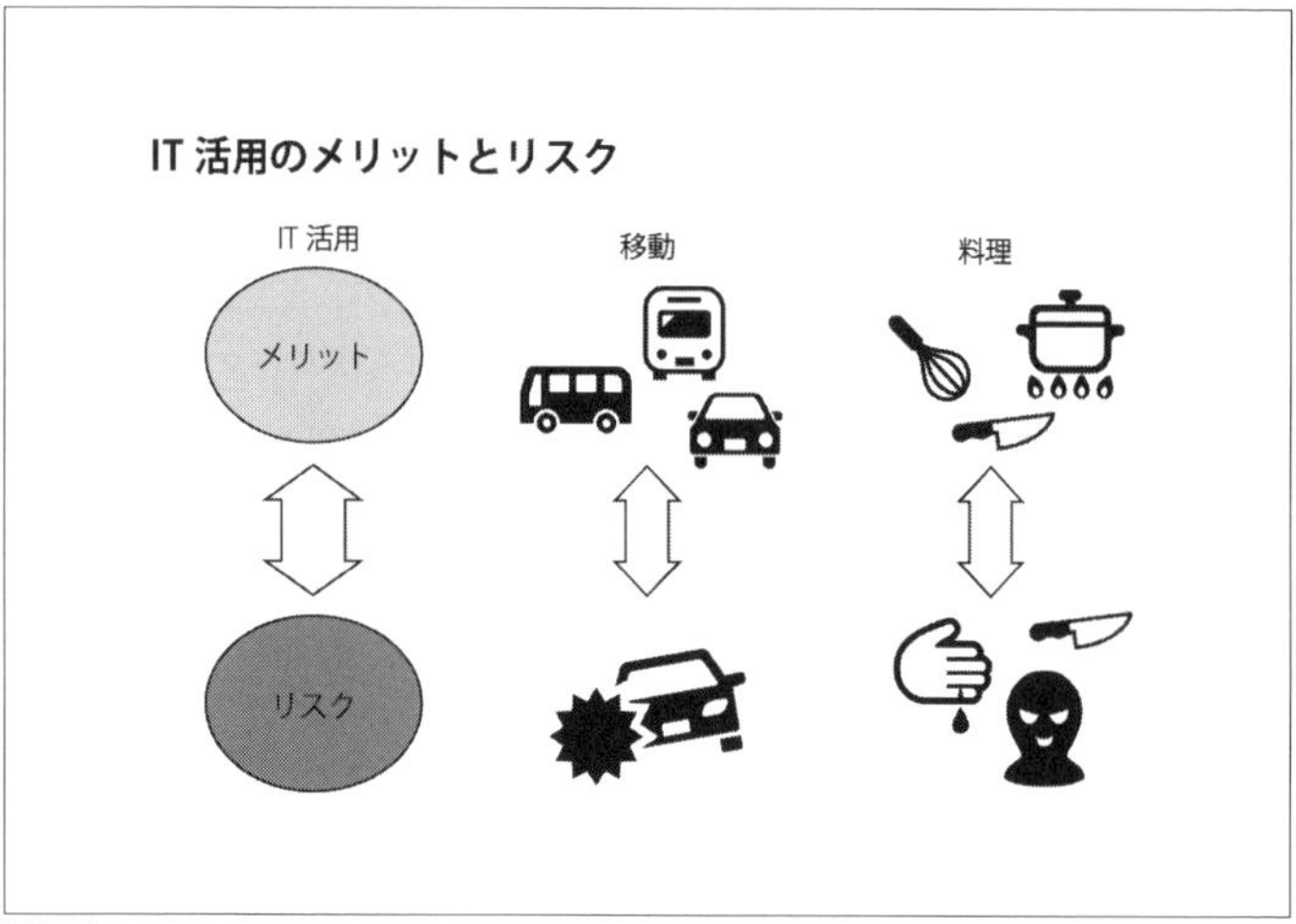

図2－4

ほど思いつきます。今までには実現しえなかったサービスも容易に提供できるようにもなりますし、ビジネスの幅も広げることができる。しかし、その一方でＩＴやＤＸという言葉が経営に入ってくる前の時代には、考えられないような問題を引き起こす危険性もはらんでいます。

生活者の視点で考えるとわかりやすいでしょう。ネットで買い物や情報を容易に入手できる環境は便利です。しかし、その便利さにつけこんだ犯罪も横行します。ある日、メールで警告文が送られてきた。メッセージに記載している通りにＵＲＬにアクセスし、情報を入力する。気づくとクレジットカード番号やＩＤ・パスワードなど重要な情報が盗まれていた…そうフィッシング詐欺です。政府や警察が注意喚起の声をあげても、その被害は減るどころか増える一方です。

ウェブサービスを提供する会社の個人情報漏洩事故のニュースは後を絶ちません。安全と思い、情報を登録していたら、その情報が漏洩していた…なんてことは私たちの日常で常に起こる可能性があるのです。

企業経営をしていても同様です。ＩＴやＤＸとの関わりを深めると、知らぬ間に大きなリスクを抱えることになります。なりすましメールに社員が気づかず、誤ってアクセスしてしまい機密情報が漏洩してしまう。退職した従業員が機密情報を不正に持ち出してしまった…など。皆さんもどこかで耳にしたことがあるのではないでしょうか。昔であれば、起こりえなかった事件・事故がいとも簡単に発生してしまう。

そして、企業の立場で考えなければならないのは、被害に遭うだけでなく、ときに加害者になるという事実です。個人情報が漏洩し、他で悪用されてしまえば企業側の責任は免れません。企業の管理体制が問われ、ときには経営の存続自体が危ぶまれるケースも出てくるでしょう。

このような危険性をはらんでいるからこそ、企業はリスク管理として情報セキュリティ対策を徹底しなければならない。しかし、経営者にとって、何をどこまで対策すればよいのか見当もつかない場合も多いでしょう。

それはＩＴやＤＸの仕組みが理解できていないからです。例えば、紙の資料の盗難対策であれば、保管したキャビネットの施錠を行い、その鍵を誰がどこに管理するか明確です。キャビネットごと盗難されでもしない限り、物理的な対策は想像がつきます。最終的な鍵の管理者という責任範囲も明瞭です。この鍵を厳重に管理するかを徹底していくことで、安全は担保されます。ところがデジタルの世界では、技術の進化により巧妙かつ抜け穴をついた盗難や攻撃が行われます。その進化する手口に対応することを考えると、経営者はメリットを享受すると共に、新たなリスクを抱え込んでいるのです。いたちごっこのような世界ともいえます。

そのリスクが、機械が故障する程度のものならばよいです。しかし、会社の経営自体を大きく揺るがす事態に発展するかもしれないわけですから、本来はこのリスクを経営者自身が気づき、対処できるよう認識を新たにする必要があると考えています。

ここまでは、攻められる、攻撃されるリスクです。

実は、他にも見落としてしまうリスクはあります。

今すでに、ＩＴ社会の裏側には、不健全なビジネスがあふれています。フェイクニュースは有名ですが、巧みに顧客を勧誘して、商品を買わせる仕組みも増える一方です。

また、一見健全を装っていても、稼ぐということに関して、不健全な仕組みは沢山存在しています。ＩＴはそういうことができてしまうのです。こういう世界になると、知らず知らずに、委託した業者のいいなりに、あるいは、自社のＩＴ担当者の好きなように、ＩＴが使われていても経営者が気づけないケースも多くなっています。

不健全なビジネスに加担しないことは当たり前でも、知らず知らずに加担していたということは起こりえます。

また、顧客開拓に使っているその個人情報の入手先は健全ですかという問いに、責任をもって答えられるでしょうか?

これも経営者の重大な責任です。大変な時代です。どこから、どういう風にその情報を入手しましたかということが、問われる時代です。転職者が持ち込んだとしても、これは法律違反になります。

これからの経営者の責務は、ITをどう有効に活用するかということの何倍も、ITリスクをコントロールすることが求められます。

シニアを取り残さない社会

少子高齢化が進む日本において、すでに大きな社会課題となっているのが、シニアが増えていく社会をどう変革させるかです。長寿国という響きはよいです

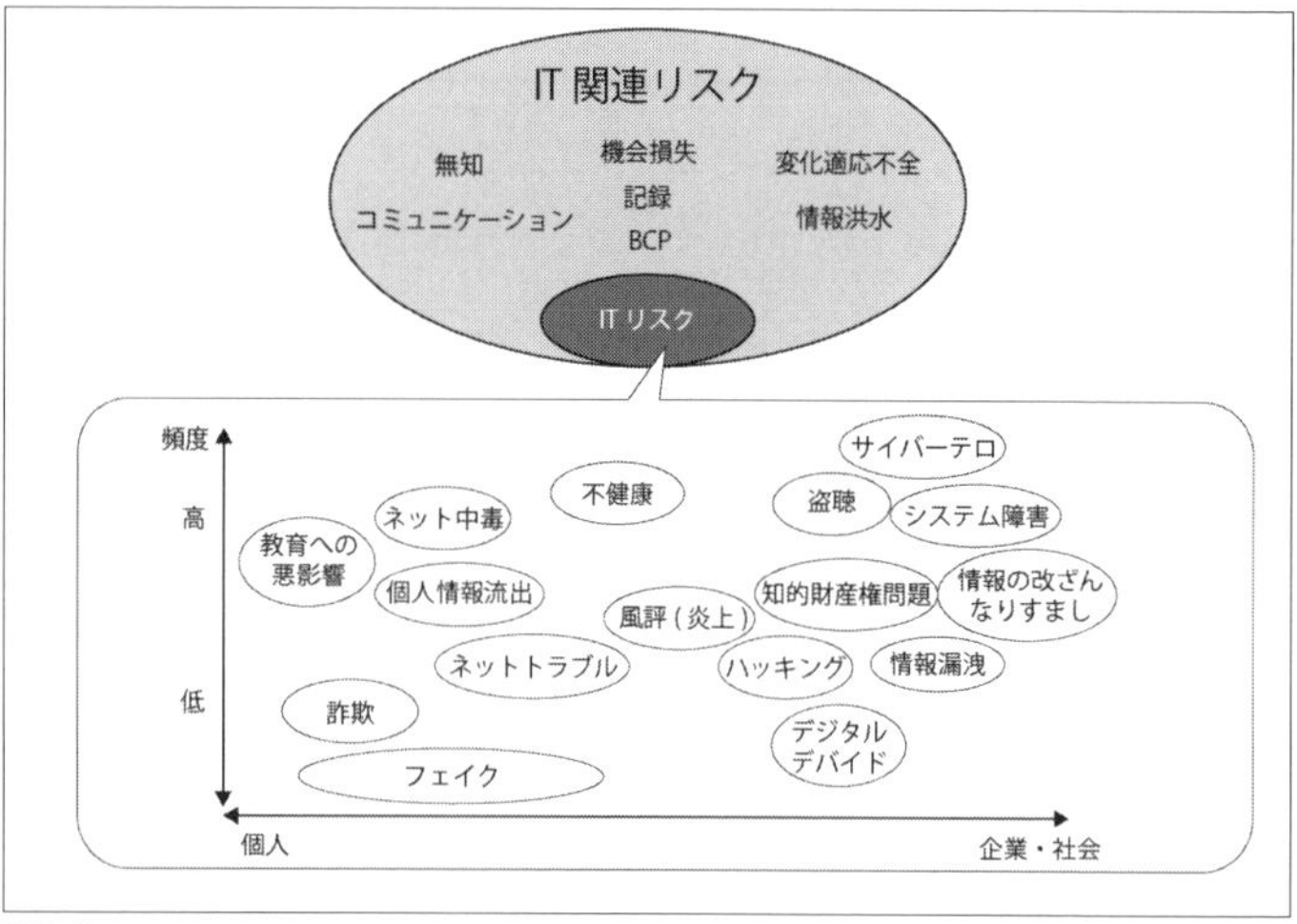

図2-5

が、昨今では暗い未来の話題ばかりです。これからシニアが増える社会とＩＴやＤＸが急速に浸透する社会の関係性をどう捉えればよいか。これは企業としても、生活者としても、自分事として考えていかなければならないと思います。

今の風潮を見ていると、どうしてもシニアはデジタル社会に取り残されます。その流れはこれからも加速するでしょう。今の若者がシニアになる頃には、そんなデジタルデバイドの問題も何か解消される技術的転換点を迎えているのかもしれません。しかし、向こう10～20年くらいはやはりシニアは取り残されやすい。地域差も生まれるでしょう。ネットが張りめぐらされたとはいえ、田舎の生活は不便が生じます。ネット通販でモノは翌日届きますが、これからの時代は人手不足問題でどうなるかわかりません。車の運転も卒業すると、シニアの行動範囲は狭まります。地方の過疎化でショッピングモールが閉店する地域も少なくない状況を考えると、ネット弱者のシニアの生活はますます困難になるのではないかと思われます。

そういう状況の中で、シニアが明日からいきなりネット通販やスマホ決済を使いこなせるようになるかといえば難しいでしょう。そういう弱者を取り残さない施策は国も企業も念頭に置いておかなければならないと実感します。「使い方を覚えないシニアが悪い」という意見もあります。

もちろん、社会が大きく変化する中で、自分だけが頑なにその流れに逆らうことは、取り残されることを助長するだけです。

しかし、残り10年を穏やかに生活したい、今さら難しいことは勘弁というシニアがいても、私たちは全てを否定することはできません。過渡期において一方的に、方法を一つに絞ることは愚策といえるのではないでしょうか。話題となっているマイナンバーカードへの健康保険証利用についても同じことがいえると思います。確かに利便性は上がるし、服用した薬の履歴も瞬時に確認できるので、利用者としてはその方が使い勝手がよい。それは理屈としてわかるが、その地点に到達できていない方たちも多くいるという事実も忘れてはならないでしょう。

これは職場でも同様だと思います。定年70歳が当たり前になろうかという時代。職場には、シニアの社員も増えていきます。トップダウンで職場の効率化を図るため、ＩＴ化を推進し仕事の進め方をバッサリと変えてしまうことは構わない。しかし、その新しい手法にどれだけの人が円滑にシフトできるか。経営者としては、この視点は忘れないようにしなければなりません。

見える化の本質とは？

ＩＴやＤＸは『今まで見えなかったものが見えるようになる』という一面を持っています。わかりやすい例でいえば、職場のどこに保管されているかわからない資料。この資料を電子化し、保存しておけば検索は瞬時で容易に探し出すことが可能です。これはオフィスで仕事をしている人たちにとっては本当にありがたい変化。職場の書庫で資料を探し出すのに苦労した経験がある方は皆が実感してくれると思います。

このＩＴやＤＸによる見える化の力は会社経営において絶大な効果だと思います。しかし、これは前述したリスクと同様に諸刃の剣でもあるのです。情報を共有するということはそれなりに仕組み化と工夫が必要です。電子化された情報をどこかに保存しただけでは、真の情報共有は達成できません。

また苦労して情報共有が実現できたとしても、余計なものが見えることはリスクになります。そういう意味では、情報は「見えないようにする」ことも大切です。アクセス権限の設定の問題です。社内の機密情報を社員全てが閲覧できるという環境は事故や事件の温床となります。だからこそ、情報の価値や取り扱い区分によって閲覧できる人、できない人の区分けをしなくてはならない。何でもかんでも開示すればよいわけではないのは、経営者の立場にある人であればよく理解できると思います。

見える化と見えない化をセットで考えないといけない時代なのです。

見える化という考えは、表現が違うだけで、以前から日本の現場にあります。特に、三現主義は、今までの日本の現場力の源泉でした。現場、現物、現実です。拙速にIT化を進めた結果、この日本の強みが、デジタル化によって揺らいでいます。理由は、デジタル化ではアナログベースの三現主義が見えにくくなるからです。

現場、現物、現実の世界は、仮にどれをもデジタル

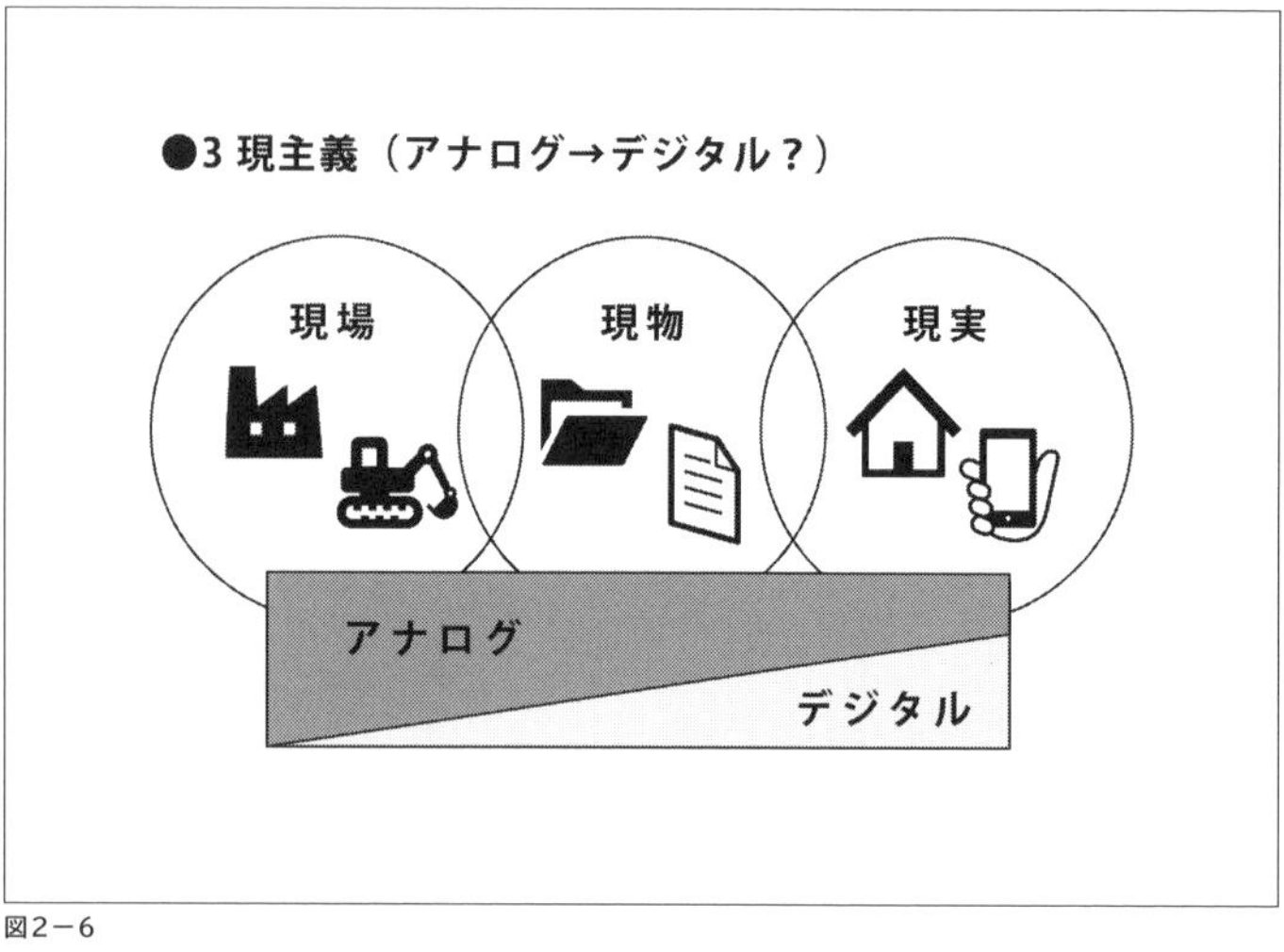

図2−6

化してしまったとして、どこにエビデンスがあるかわからない。そもそも、オリジナルはどこ？こんな事態になりかねないのもデジタル化のリスクなのです。

そして、もう一つの生活者への見える化の進め方は、さらに難しい状況にあると思います。ここまでネット社会が浸透するとあらゆる局面で情報が行き渡ります。どこまで情報を開示するのか、開示された側はどう判断するのか。ＩＴが生活や職場に普及する今だからこそ、情報に対するリテラシーについて改めて考え直すべきだと私は考えています。

途上国や新興国が日本に期待すること

本章の最後に日本と途上国、新興国との関係性について述べたいと思います。私自身は仕事の関係で、途上国や新興国に出向く機会が非常に多いです。かれこれ25年以上前からベトナムやカンボジアを中心とする東南アジア、そしてアフリカにも何度も足を運んでいます。そこで目にする光景に衝撃を受けます。ボロボロの服を着て、裸足で水牛をひいている青年の手には携帯電話やスマホが握られているのです。

私はこういう様を、水牛とスマートフォンと表現してきました。

日本のITやDXの話を進める上で、ぜひ考えてもらえればと思っています。

電気も通っていないアフリカの田舎町でも4Gで携帯電話はつながる。経済発展が著しい中国やベトナムなどは、とにかくIT化やDX化が凄まじい勢いで進んでいます。スマホだけ見ても、元々日本などとは異なり、固定電話がほぼ普及していない国であれば「電話」という利便性だけでもインパクトが違います。日本では、家で使用していたものが外や移動中でも利用ができるというインパクト。しかし、固定電話が普及していない国では、電話そのものに触れる機会が携帯電話やスマホが初めてという人たちが数多く存在するわけです。

一方、日本という国はIT化が始まる前から社会インフラが十分、整備されていました。公共交通手段も電車、バスと揃い、そこにタクシーも飛行機も整備されている。道路だって舗装されている。インターネットが普及する以前から人々が生活する上で必要とされる機能はほぼ揃っていた。銀行のATMはあらゆる場所に設置され、食品もレトルト、お弁当、インスタントと揃い踏み。主要都市にはデパートはあるし、地方に行けば大型ショッピングモールがある。駅から遠くてもロードサイドにはさまざまな店が軒を連ねている。途上国や新興国から見れば、すでに「あらゆるものが揃った国」なのです。

このような日本が今やＩＴ後進国と揶揄されるようになっています。それはなぜか。一つはすでに出来上がっている立派な社会インフラがあり、ＩＴをベースにした新しいものへ切り替えることが難しいという一面があります。日本が高度経済成長を遂げた時代に現代のようなＩＴ社会を予見できたわけもありません。戦後、貧しかった日本はその時代に合わせた豊かさを追い求めた結果、現在の極めて機能性も高く、サービス性も高い高度な社会を築いたといっても過言ではありません。それはアナログを基盤にした社会でした。

ただ、ここにＩＴやＤＸのような今までの社会インフラとレイヤーが異なる発想が求められると、どうしても立ち止まる時間も多くなりがちです。途上国や新興国の技術の導入スピードが速いのは、社会インフラが整備されていないからという側面があります。先ほどの電話の例と同様です。電話すら普及していない国に、安価で持ち運びできる電話という利器を広めるのはそれほど時間を要しません。それしか手段がないからです。

しかし、日本は異なります。すでに高度に完成された社会インフラが存在しています。だからこそ、一旦、それを壊すか否かの難しい選択を迫られるわけです。イノベーションのジレンマの中に登場するカニバライゼーション（共食い現象）の一種です。

そしてもう一つは、今の日本人が利便性に対して途上国や新興国に比べ鈍感な点です。かつての日本も豊かさを追い求めて貪欲にさまざまな技術を導入してきました。しかし、少なくともここ30〜40年における日本は、豊かさという点についてはある程度満たされた状況です。日本は、世界でもトップレベルです。利便性に関しても既存インフラである程度満足度の高い生活ができる。それぞれの国の置かれている状況がやはり大きく異なるわけです。

ＩＴ後進国だと揶揄される日本ですが、来日した外国の人たちは途上国や新興国だと思うでしょうか？　誰も思いません。行き届いたサービスと機能を提供してくれる社会は多くの人々に感動され賞賛されています。

確かに、日本は10年ほど前、Ｗｉ－Ｆｉがつながらない場所が多かった。海外からの旅行者からも不評を買っていました。それは、Ｗｉ－Ｆｉがなくても不便でなかったからです。とはいえ、インバウンドが一大産業となった今、そんなことをいっていては後れをとるだけと、ここ数年で整備が一気に進んだのです。

日本という国を客観的に見ると、ＩＴなんて新しいものを使わずとも、ここまで完成された豊かな社会をつくりあげることができているのです。しかも、治安もよい。途上国や新興国が本来、追い求めていた社会を半世紀前から構築していたのが日本なのです。日本という国はそのことにもっと自信を持つべきだと思うのです。

本来、豊かで誰もが住みやすい健全な社会を実現するためにＩＴやＤＸは存在するといえます。日本はその根幹の部分でお手本となるべき存在ともいえるでしょう。だからこそ、企業経営者の方たちにもそのことをもっと実感してほしい。うわべの技術論だけでなく、豊かさや安心・安全な社会のあり方について、日本が培ってきた実績を前提にＩＴやＤＸの取り組みを考えていければと思っています。

それこそ、日本が途上国や新興国に対して、本当の意味で貢献できる未来をつくりあげることができるのではないでしょうか？

日本は、戦後の急速な高度経済成長の中、大きな失敗を数多く生み出しました。環境問題、自然破壊、農業の衰退、過剰な消費社会、公害など。それでも、反省し努力し改善してきました。それが、新興国などから見たら、信頼されリスペクトされる大きな理由です。最近は、周知の事実にはなりましたが、これが正しく課題解決先進国としての日本です。

日本のこれからのＩＴ化やＤＸ化の取り組みは、世界のお手本として羅針盤として、少子高齢化社会への適応と合わせて、これからの課題解決先進国としての役割の一つともいえます。

この項の最後に信用ビジネスについて触れたいと思います。ベトナムなど新興国に長年接していると、日本人や日本は信用されているとつくづく思います。うれしい限りです。これをビジネスに関していうと、新興国は日本に信用ビジネスを期待しているのです。

代表的な業種でいえば医療、衛生、介護、健康食品、農業、教育などになります。こういう強みをベースにＩＴを上手に活用する。ＩＴの世界だけで勝負しようとは思わないことが大切です。

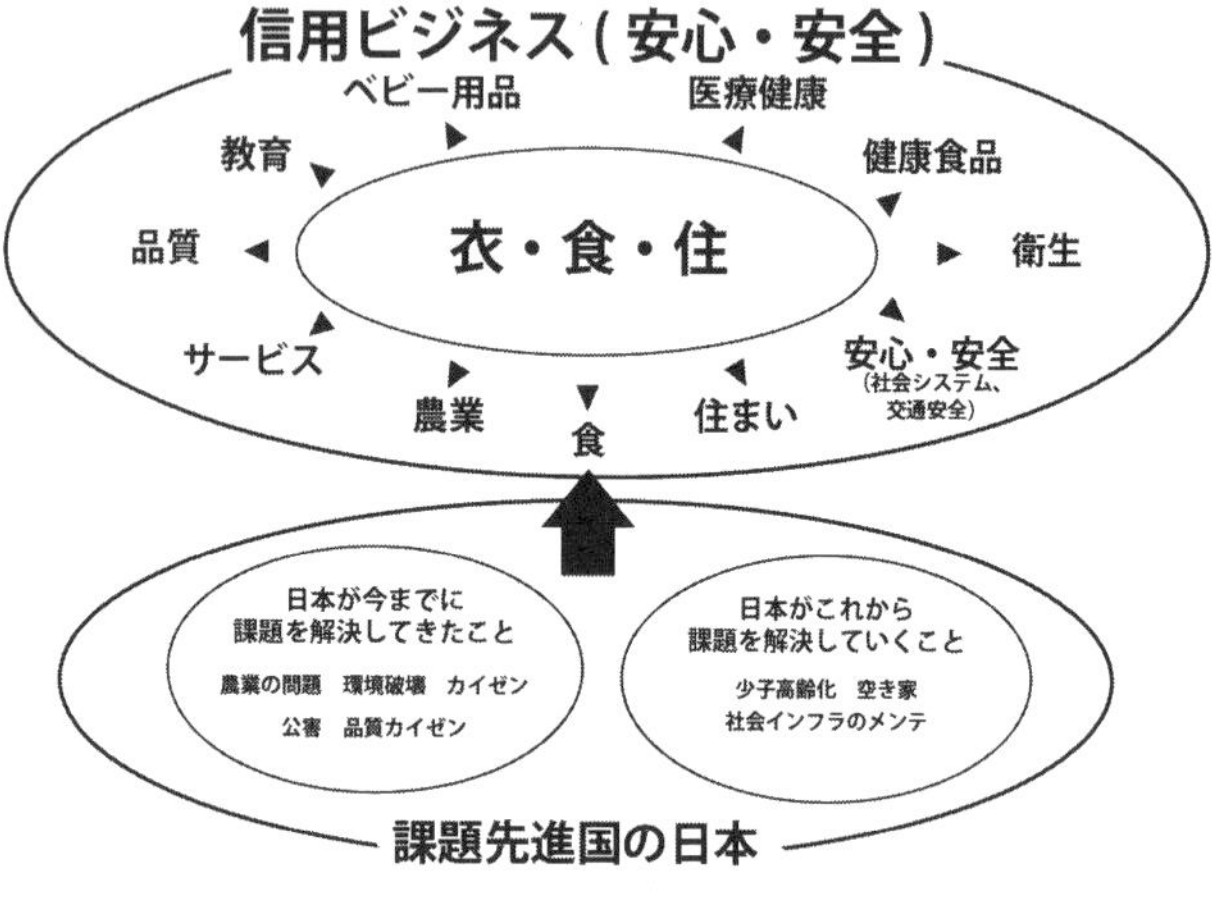

図2－7

第3章　アナログな日本の強みと弱みを知る

アナログの価値に自信を持つべし

ＩＴの世界に身を置いていると、現代において「アナログ的なものは悪」という風潮が日増しに強まっていると感じます。会社案内パンフレットがウェブに移行し、工場にもロボットがどんどん導入されています。レストランに入っても最近はタッチパネルで注文ができて、店員がほとんどいないなんてお店も少なくない。電子書籍や電子マガジンも一般的になった。では、アナログ的なものはこの世から消滅していく運命にあるのかというと、それはあり得ないのです。

大手企業で働いている方はあまりイメージがないかもしれませんが、中小企業の世界はどこまでいってもアナログな世界です。それを効率化するということで少しずつデジタル化を進めたりするのはどこも同じでしょう。しかし、アナログ的な仕事というものを完全にデジタルに移行するというのは難しい。例えば、建設現場も「建設ＤＸ」なんてキーワードも話題となっていますが、現場に行けば大工などの職人たちが仕事をしています。これを全てロボットで補おうといってもそれはあり得ないでしょう。

最近はビルやマンションなどの外壁診断にドローンを使用するケースが増えてきました。足場を組んで長期間かつ費用も高額になる診断作業はドローンならば短時間で終わります。ドローンで撮影されたデジタル画像で診断を行います。作業員の高所作業という危険性も減らすことができ、経営者としては一考の余地があるわけです。

こういうケースは正しいアナログからデジタルへの移行といえるでしょう。

しかし、あらゆる場面でこのような移行ができるとは限りません。介護現場を見ていても、さすがにロボットに全てを任せるには無理があります。農業や畜産の世界もそうです。機械化が進んでいますが、全てのアナログ的な作業を移行することはできません。

中小企業こそ、そのような現場に精通し熟知しているからこそ、アナログ的なことも大切にしなければならないわけです。

ＩＴ業界などに身を置くと、デジタル的なことが当たり前に思えてくるのですが、それ自体が逆に視野狭窄に陥りやすい危険な兆候だと思っています。顧客に近い側の小売りなどの商流の下流工程ではＰＯＳレジに代表されるようにＩＴ化もデジタル化も進み、皆がスマートに仕事をしているかもしれません。しかし、生産者側の上流工程に行けば人間がモノを作り、運び、身近では人間が建物を建てて、そしてメンテナンスも行っています。結局見えないところで、誰かが誰かのサポートをしているのです。そのことは昔も今もこれからも、大きく変わりません。

そもそも、アナログがデジタルの反意語のように使われているのもあまりに極端すぎます。デジタル化できるところはドンドンと広がればよいと思います。

本来はこの2つはトレードオフの関係ではないのです。

まずは、アナログな現場がこの世の中には多く残っていること、アナログを基盤に日本の社会ができていることを認識することが大切です。無理にデジタルへの移行を進めて現場が混乱し、時には崩れることもあると思います。

ある意味二刀流の話です。ハードルは低くはないのは当然です。

身近な例で考えれば、若い人たちも普段はスマホやパソコンの生活が当たり前でも、やはり自然や田舎の空気を味わいたくもなります。これは人間の本能だと思いますし、その根源的な部分を壊してまでITだ、デジタルだと騒ぎ立てることはおかしいのではないでしょうか。

すでに書きましたが、当社では、アナログの次のステップはデジアナとして定義しています。組織として、アナログとデジタルをいかに融合してバランスよくIT活用を進めていくかという考えです。

言い換えると、デジタルの象徴であるデータとアナログである人間の感覚的なものの、つなぎを人間がするということです。それはデジタル社会の弱点や落とし穴を想像することができる力でもあります。

属人化の功罪を知る

属人化というキーワードも今、組織の現場改善ではよく使われます。DXにしてもITにしても、大中小問わず、どんな組織でも必ずといってよいほど改善の標的になるテーマでもあります。特に中小企業においては、総じて属人的な仕事が多い。

属人化というのは、シンプルにいえば、その人にしかわからない仕事、できない仕事です。熟練のノウハウともいえるし技ともいえます。

属人化といえば、ものづくり日本の誇る職人の世界が典型です。長年苦労して叩き上げてきた結果、匠といわれる領域に達した職人も沢山います。

私は20年以上前、日経ＢＰ社の月刊誌に「形式知と暗黙知」というテーマで連載したことがあります。

形式知というのは、見える形に変換できる知。つまり、文章にすることができる、マニュアルにできるノウハウや知恵などです。要するに、ある程度容易に記録することができることです。

当然、ＩＴやＤＸにマッチする。一昔前であれば、これは必ずしもデジタルである必要はなかったのです。

アナログの象徴、紙に記録することが当たり前の時代だったのですから。

暗黙知の伝承が最大の問題となって表れるのが、企業の業務の範囲でいえば、引継ぎです。

部署が変わった前任者からの引継ぎ、退職者からの引継ぎ、上司から部下への引継ぎ。会社の中には、いたるところで引継ぎが発生しています。業務の引継ぎが口頭ベースの会社もいまだに沢山あります。

こういう引継ぎ問題の事例は、枚挙にいとまがないのです。

日本という国全体で見れば、もっとも象徴的なのが「職人が消える」日本なのです。

日本の建設や製造業の現場を支えてきた職人が高齢化し、少子化も重なって、職人のなり手が減っていく。

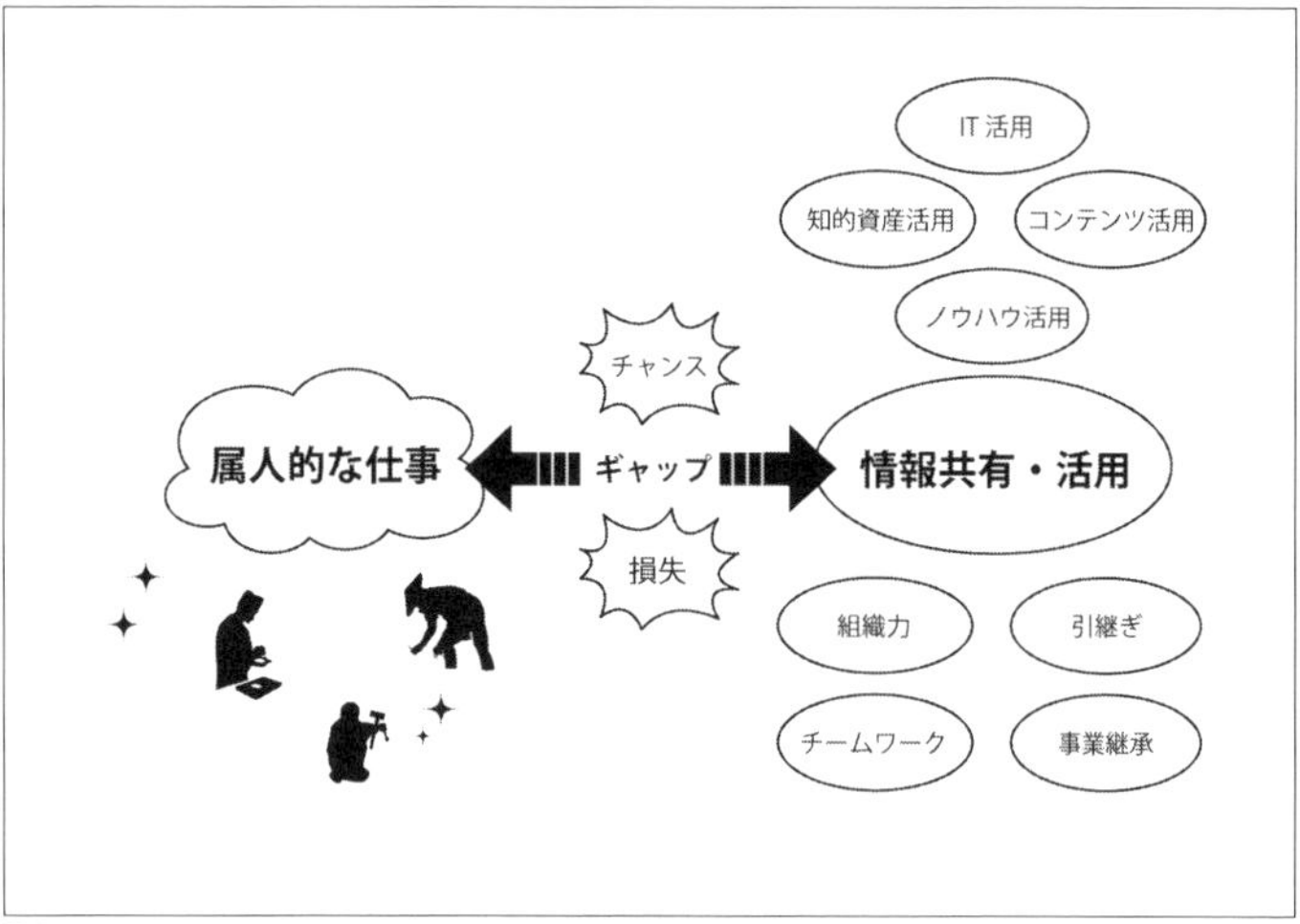

図3−1

そういった技や知恵を継承したいのだけど…。
どうやって良いかわからない。日本の国力低下を招く深刻な問題です。
実は、こういう分野こそ、ＩＴやＤＸは貢献できるのです。

属人化＝人間＝アナログ。この感覚を否定する人はあまりいないのではないでしょうか？

だからといって、属人化が全て悪いわけではないのです。人間の知恵や技は、そもそも属人化するのです。それにデジタルを上手に活用して、いかに記録するか。そして、活用できるようにするかが問われる時代です。それが実現できれば、結局は属人的な世界で活躍してきた人たちも楽になるのです。

アナログな中小企業はどうすればよい？

今どきのＤＸの話題によく登場するのが中小企業です。ＤＸに一番翻弄される立場といっても過言ではありません。実際、ＩＴサービス会社の営業の格好のターゲットになっています。では、どうすればよいのでしょう？　結論からいうと、今しばらくは、従来あるＩＴ化の課題解決をじっくり時間かけて進めればよいだけです。

ただ、周りからは「DX化を早く進めないとマズいよ」なんていわれます。方法論は確かにいくつもの選択肢がある時代。正しい答えがないように思われがちですが、そうではないです。中小企業は世の中の変化や影響をモロに受ける立場です。

経営者としての冷静かつ客観的な判断能力が問われるテーマなのです。

まずは、中小企業のIT化の現実を考えてみましょう。

私はかつて、中小企業のIT活用の様を、「小路にダンプカー」と表現したことがあります。小路には自転車で十分なのに、ダンプカーが必要ですと提案する。要するに相手がITをわかっていないから、それに乗じてITサービス会社は過剰な商品を販売したりサービスを提供したりするのです。

今はそれがさらに助長されています。特に情報セキュリティ関連で顕著です。

『中小企業って社長も社員もアナログ的ですよね』

実は昔からこういうイメージを抱いている人は多い。私もよく耳にしてきました。まるで、アナログだからいけない、アナログからデジタルへ移行しなさいという揶揄にも聞こえます。が、それは違うでしょうと声を大にしていいたい。

大企業や役所に比べると、中小企業の経営者がより仕事の現場に近いところで奮闘しているからです。全ての現場からアナログを排除したところで、仕事がまわらないこともよく知っている。先ほども例で述べましたが、居酒屋に入ってタッチパネルがあれば店員は誰も要らないという単純な答えにならないことも知っています。そこには顧客がいて、その対応は繊細で敏感なものです。

では、中小企業の身の丈にあったＩＴ活用やＤＸ推進とはなんでしょうか？

例えば、契約書一つとってみても中小企業は翻弄されます。大手企業や役所は「契約書の電子化を進めます」といえば社内業務フローも合理化され、ペーパーレスで環境にもよい。まさにＩＴ化やＤＸ化の好事例としてビジネス誌の事例などでも取り上げられるケースではないでしょうか。ところが中小企業はそんな単純な話ではない。取引先の一つが契約書の電子化を実現しても、あとの大半の企業が今まで通り紙の契約書で実印・代表印の押印が必要かもしれません。

この契約書の電子化の場合、何が問題かというと、電子化している契約、していない契約が社会において混在してしまっていることです。

強制力がある側と受け身の側のギャップともいえます。

ここではアナログ的な仕事を残せという論を主張したいわけではありません。すでに述べたように、DX化の議論で必要なのは、相手の組織と環境によるやり方、進め方が異なるということです。中小企業でいえば、取引先の状況まで把握した上で、あえてアナログ的な要素も残す方が正解の場合もあります。

もちろん、人材面や資金面の課題もあります。

社長が前がかりにDX化に突き進むが、社内にそれを担う人材がいなければ絵に描いた餅です。そのIT人材も業界や会社の規模、地域性により採用が難しくなる時代です。現実的には、信頼できる外部のパートナーに頼ることも選択肢です。無理に、社内にDX化推進者を置く必要はないのです。

「DX化に乗り遅れるな！」という声を上手に意図的にやり過ごしながら、自社にあった時間軸で考えていくことが必要だと思います。

デジタル化の前にまずは記録から始める

中小企業は、大企業などに比べると、記録がとても苦手です。

中小企業の現状は、日常の仕事は記録がベースになっていないところが沢山あります。会議の議事録がない、指示は口頭か電話のみ、ノウハウは背中を見て学びなさい。仕事のさまざまなことでの記録が苦手なのです。ＩＴ活用が当たり前の時代には、属人化の弊害の一つといえます。

極端にいえば、中小企業の仕事は、記憶の世界で業務が遂行されているのです。

経験と勘と度胸の世界ですから、仕方がない部分もあります。

これから記録を始めるとして、もちろん、デジタルの記録がベストですが、第一歩の記録は紙でもよいのです。メモの習慣はとても重要なデジタル時代の仕事スキルでもあります。何でもかんでもデジタルではないのです。今の若いデジタルネイティブの世代の弱点は、紙＝アナログ的な環境で思考する力が弱いことです。社会生活でもそういう訓練をしていないから、今のところは仕方がないのですが…。

紙はデジタル化が容易にできる時代になりました。スマホで写真を撮れば、デジタル保存もできます。私も日々、紙のメモを写真に撮ってデジタル化しています。

そもそも、パソコンやスマホに文字を入れている時間がもったいない。わざわざタイプしている場合ではなかったりします。アイデアなどは瞬間のひらめきの勝負ですから。

また、会議の録音、職人の話の録音なども便利になりました。

今の時代、すぐにできそうな記録する方法はすでに沢山あります。

何よりも大事なのは、記録ができると何ができるかを考え、実践してみることです。

例えば、アイデアや企画を生み出したいとき、皆さんはどうしていますか？

有名な「アイデアの作り方」のエッセンスを紹介しますと、アイデアを生み出す際の最初のプロセスは集めるですが、その次は、記録するなのです。そして、忘れる。そうするとある日、ひらめくのです。私は、ずっとこういうルーチンで色々と日々生み出しています。この記録は、実は多くの人が行っています。それはメモです。これからは、このメモに記録するというのが、今まで以上に、大きな武器になる時代なのです。

まずは、記録するという習慣化にぜひトライしましょう。

第４章　ＤＸはなぜ迷走すると断言できるのか？

IT化が失敗に終わる背景を知る

ここではDXの原点、IT化への取り組みが失敗に終わる背景について考えていきたいと思います。

数年前から経済産業省でもDXという言葉を盛んに使い始め、大企業などでも取り組みが始まりました。併せてITコンサルタントや事業プロデューサーと呼ばれる人々もDXを声高に叫び始めた頃に、コロナ禍がやってきました。コロナ禍になると、それに伴う付帯的な取り組みも一気に盛んになりました。非接触のシステムを開発したり、政府レベルでもコロナウイルスの接触確認アプリである「COCOA」なんかも公開されたりしました。ただ、それら取り組みがうまく普及したかというと、実際そうはいかなかった現実もあるわけです。結局、「COCOA」も利用率が低いままだった。台湾や韓国の状況を見ると、確かにうまくいったような事例はいくつかありました。しかし、日本の場合、うまく普及し、DXへの取り組みの背中を押したかというと微妙な状況です。

ちょっとネガティブな風潮の中で、やはりIT後進国である日本の至らなさの声があがります。専門家や行政が「今のままでは日本は取り残される」と散々あおりたて、日本のDXをとにかく前進させようと動き始めたのです。もちろん、ＤＸは社会を変革していく上で重要な新たなサービスや技術の基盤も担うと思います。さまざまな産業でイノベーションが起こり、人間社会をより豊かに、より便利に昇華させていく起爆剤となるものでしょう。

コロナ禍を契機にその変革をより進めようと国も自治体も「ＤＸ」を声高に叫ぶのですが、どうも笛吹けど踊らずの状況は今もあまり変わっていません。まだ始まったばかりの取り組みですので成功も失敗も語れる段階ではないと思いますが、そもそもＩＴ化の取り組みも道半ばの状況で、次はＤＸと叫び始めても裾野産業を担う中小企業も多くの生活者もなかなかついてこられないと思います。

しかも、ＤＸとはなんぞやと問われても、行政の方は行政レベルでそれなりの解釈をする。マーケティングや生産管理の専門家はそれぞれの分野でＤＸの効用を語る。今は皆がＤＸを学び始めたところです。そしてどれも正しいことをいっているのかもしれません。ただ、皆さんに考えてもらいたいのは、そもそも二十数年前から始まったＩＴ化はうまくいったのかという現実です。

数多くの失敗をしてきたのが、ＩＴ化の現実。無駄な投資もあった、顧客とのトラブルも誘発した、社員の不満もたまった。経営は、失敗経験を活かしてこそなんぼの世界。劇的に変わりつつあるのが、トライするにしても、迅速に安価に試せるようになってきたという事実。言い換えれば、失敗を恐れずに、果敢にＩＴ化にトライできる絶好の時代になったといえるのです。

ＩＴ化の現実とは何だったのか？

ここでは、企業経営において、ＩＴ活用のあるべき姿というのを考えてみます。

その前に、ＩＴ化のそもそもの目的とはなんでしょうか？　会社経営で利益を向上するためには、シンプルに考えると、売り上げを伸ばす、コストを削減することになります。それを細分化していくと、効率化、合理化、省力化など現場それぞれＩＴを活用する目的が挙がると思います。さまざまな目的がありますが、会社経営において、絶対に意識しないといけないのは『コスト』です。厳しい経営環境の中、このコストダウンをＩＴ化で何とかするということに皆が躍起になってきたわけです。そして、もう一つが売り上げ拡大のために顧客をいかに見つけるかです。

まずは、コストダウンの話を進めていきます。

例えば、すでに述べたオフィスの話。皆が集まり働く場所を用意することで家賃が発生するわけです。さらにいえば、光熱費もかかるし、従業員の移動交通費も発生するわけです。

もちろん、自社ビルを構えていたり、職住接近の環境がすでにあったりする方はそのへんの心配はいりませんが、日本においてはきわめてマイノリティです。オフィスを東京都心に構えれば家賃も高額になるのは誰でもわかります。それがコロナ禍で「あれ？　これってあまり必要ないな」と皆が気づき始めたから一気にテレワークが普及し始めるわけです。同時にテレワークの課題も噴出し、出社とテレワークの混在状況も生まれるわけです。

コンピューターがオフィスで使われるようになり始めた30年以上前。ＯＡ化とも呼ばれていましたが、そのときの企業の課題は事務作業に時間がかかることでした。伝票も計算作業も時間がかかる。間違えてはいけないから従業員が何度も確認をする。営業日報一つとっても外回りで帰ってきた従業員が残業してまで作成する。この作業は売上に直結するかといえば必ずしもそうともいえない。でも、人件費として重くのしかかってくるわけです。

パソコンがオフィスに導入され始める大義名分は業務効率化ですが、その最大の目的は人件費をいかに削減できるかという視点でした。

8時間かけていたものを3時間で完了することができれば、他の業務も対応できるし、生産効率があがります。一人のパフォーマンスを今までの5割増にできれば、企業側は利益を残せるし、業容拡大に動くこともできる。営業活動も同じです。外回りで交通費と時間をかけて1日5件の訪問をしていたが、オンラインで商談が可能ならば、それこそ1日10件をこなすこともできる。

コストを下げながらパフォーマンスも向上できます。結局、この30年、経営者がＩＴ化で何がしたかったのかというと、コストを何とかしたかったのです。このコストダウンこそＩＴ化の最大の目的の一つでした。まず、そのことを押さえておく必要があると思います。

このようなＩＴ化の取り組みの変遷を振り返りながら、いざ新たなＤＸ時代の大義名分を考えてみると、ちょっとすぐに思いつかないわけです。今までのＩＴ化よりも、より最先端な技術を導入し、より効率化と改善を図るため、目を皿にするように社内の業務プロセスの見直しを迫られる。少し前までＩＴ化の取り組みで、ささやかながら目的を達成してきた組織に「まだまだ!」といって国も専門家もＩＴ業界も鞭をふりあげる。

目的はいったいなんだろうか？　これ以上の効率化を求めると今の組織は崩壊するかもしれないし、顧客も逆に離れるかもしれない。何も高度なＤＸでなくてもできることはあるし、コストの問題を解決することはできるかもしれない。

どうも、今のＤＸブームは取り組みを促進するために、無理やり大義名分をつくりだしているだけに過ぎないと感じることがあります。先ほど述べたように、全ての企業を画一的かつ同列に扱うことは不可能です。そのことに立ち返ってみることが大切だと感じています。

顧客開拓にITを使ってきた過去と今

前項で説明した、後者について書きます。

ＩＴを活用するもう一つの企業の大きな目的について述べます。

売り上げ拡大のために顧客をいかに見つけるかです。

顧客との関係性は、高度経済成長時代から、大きく変わってきました。人口が増えて所得も右肩上がりの時代は、顧客は単に売る相手でした。今の日本からは信じられませんが、アフターフォローするという考えは皆無でした。なぜなら、顧客が次々と現れていたからです。それが、バブルがはじけた30年ほど前ぐらいから、顧客との関係性に変化が見られるようになります。アフターフォローが定着していきました。さらにマーケットの縮小が顕著になってきた20年ほど前から、顧客満足度（ＣＳ）の向上に取り組む企業が急増しました。当社もＩＴ活用や情報活用と合わせて、ＣＳの向上の支援もしました。

別の見方をすれば、顧客開拓については、日本はずいぶん前から、奪い合いがマーケティングの主たる狙いになっているのです。携帯電話やスマホのマーケットが象徴的です。新規が多くあるわけではなく、基本的には奪い合いの日本ですから。

マーケティングや営業活動のＩＴ化が進みだしたのは、おおよそでいって二十数年前からです。名刺をデータベース化し、ウェブが当たり前になり、ＳＦＡ（Sales Force Automation）が登場しました。ＣＲＭ（Customer Relationship Management）というのも流行りました。顧客に気の利いた提案をするためにプレゼン資料も工夫がされ、今では動画も当たり前になりました。

今は、ウェブがオウンドメディア化の時代で、特に情報発信がこれからの企業の課題になるでしょう。いずれにしても、どんどんＩＴ活用が進んでいます。これはこれで、企業にとっては好ましい部分も多かったです。

ところが、コロナ禍を経て、訪問営業からオンライン、あるいはネット営業が流行っています。

自社への問い合わせメールを見ていても、その変化に気づきます。

最近は、ウェブへの問い合わせに、電子メールのＤＭが殺到しています。

これをＤＸ時代へ向かう現象とするなら、間違っているとしかいいようがありません。

俗にいう、リードの獲得が狙いでしょう。マーケットが縮小する国の末期状態といったら、言い過ぎでしょうか？

どうして、もっと先のビジネスに取り組めないのかと嘆かわしくなります。

手っ取り早く、楽して儲けるビジネスを考えることが、起業や事業創造と勘違いしている若者も増えています。楽した先に得られるものは、ロクなものではないのです。

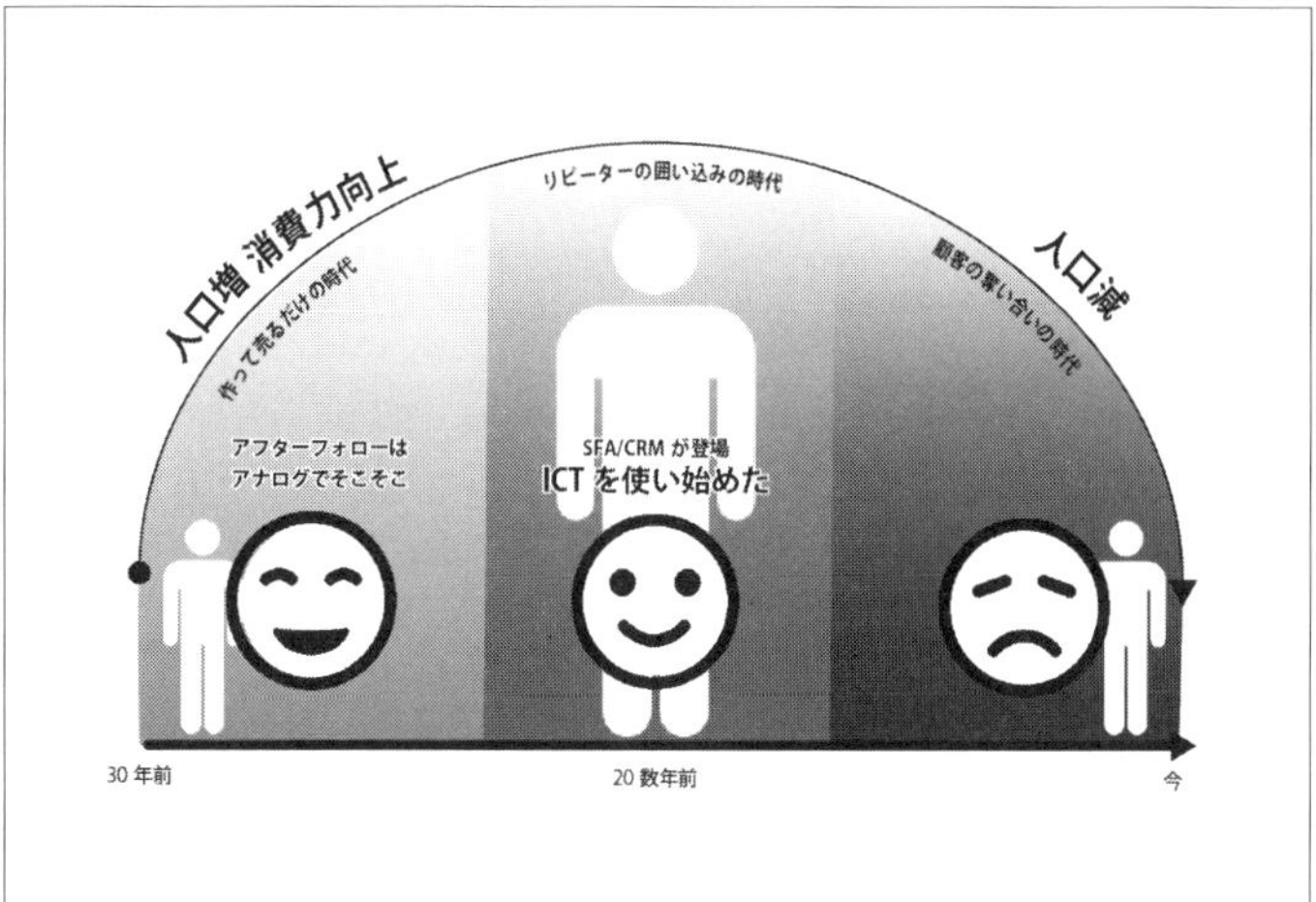

図４－１

改めて、この20年を振り返ってみます。

ＣＳが過ぎて、わがままな顧客を助長し、カスハラ問題まで行きついた国。

新興国に身を置いていると、お客様を大切にし過ぎて、わがままにしてしまった残念な国に思えます。

そこに、さらにＤＸで加速する。

そこではないのですと、声を大にしていいたい。

この先、日本が本気で取り組むべき、真のＤＸとは…。

もっと、未来を見据え、地球全体での最適化を志向する。健全なグローバルサプライチェーンの実現を目指しましょう。

到達が困難でも、常に高い目標を持つ。本来のＤＸに込められた変革です。

このあたりについて、この本の後半で述べていくつもりです。

本当の現場を知らない人たちが進めるＤＸ

机上の空論という言葉がありますが、ＩＴやＤＸの専門家の方たちの意見を見るにつけ、現場の仕事の現実や実態を本当に知っているのか、と不思議に思うことがあります。

例えば、今も話題になっている物流業界の人手不足問題です。ネット通販などが競争激化してくると、こぞって配送料無料を掲げ、顧客の獲得に努めてきました。もちろん、戦略上、それが効果的であることも理解できます。しかし、通販業界の現場に近づけば近づくほど、この戦略の将来性が危ういことは理解できたはずです。

２０２４年問題で、多くの人が知るところにはなりましたが、物流ドライバーは厳しい労働環境です。不在の時の再配達も拍車をかけてきました。コロナ禍を経て置き配が主流になったとはいえ、全ての荷物が可能かといえばそうではない。その中で政府は働き方改革で時間外労働に大きな制限をかけてくる。物流会社としては顧客の要請に応えたいので、ドライバーには無理をお願いする。しかし、時代はそんな過酷な労働環境を見過ごしてはくれない。ＥＣの拡大もあり通販会社からの配送ボリュームは増え続ける一方。

「誰が運ぶのか？」というラストワンマイルの現場の実態を考えれば、無尽蔵に配送料無料キャンペーンなどできないわけです。配送料をしっかり頂き、物流業界に還元する仕組みをつくらない限り、商売が成立しなくなるわけですから。しかし、人間は自分が見たいようにしか、物事を見ない性質があります。だから、物流業界の根底で働くドライバーの実状に目をつむっていたといえるのです。

このことは、農業の世界も同様です。ＩｏＴの仕組みを現場に導入し、プレゼン資料上はきわめて効率化と生産性向上が見込まれるのはわかる。しかし、現場で畑に出るのは若い人たちばかりではない。誰が働いているかに焦点を当てれば、もう少し違うアプローチが必要なことはわかります。なんと、日本の専業で農業に従事する人の平均年齢は70歳に近づいています。知る人ぞ知る日本の深刻な問題です。

各地に建設される膨大なメガソーラーもそうです。山を切り拓き、パネルを建設すると同時に自然破壊と景観破壊を招く原因にもなる。そればかりか、山林を切り拓いた結果、豪雨の際に大規模な土砂災害を誘発することになる。どれも表面上の目先のビジネスに踊らされ過ぎていると私は思っています。もう少し、現場の実情を見て、現場を理解した上で未来につながるＩＴ活用やＤＸ推進をしないと、持続可能なビジネスなど不可能です。

ＩＴ業界に身を置いていると、どの業種・業態もインターネットやモバイルデバイスを四六時中使いこなせると考えてしまいます。建築現場のＤＸ化を机上の空論で構築すると、それなりに皆がハッピーなプロセスが出来上がると思います。

しかし、現場作業を全てＩＴやロボットで自動化させることはできない。現場の進捗管理をスマホで撮影して、写真を現場責任者に送る。問題点もチャットツールで共有する。そうすれば問題の対処も速やかで、チャット上で指示も送れる。そして、進捗通りに物事が進む。

理屈上はそうかもしれませんが、実際の現場はどうなっているのかの洞察が足りない。現実として現場責任者がやはり現場に行かないと解決しないケースが多い。写真で撮影した画像を見ても、実際の問題を把握することは難しい。でも、多くの現場を抱える責任者は毎日足を運ぶのが難しい。

ＩＴとＤＸの力でそこを解決するといいますが、それは情報共有の一部分を補完するに過ぎない。ツールに頼って現場に赴く機会を減らすと、反動でトラブルが大きくなり、収拾がつかない事態を招く。顧客もうるさい。

結局、是正を行うのも現場の人間であり、ＩＴやロボットではない。これは建築現場だけでなく、さまざまな業界の現場でも同じことがいえるでしょう。

だからといって、アナログ的で非効率的な業務をそのまま放置してよいといっているわけではありません。大切なのは現場を理解した上で、根気よくＤＸの議論を重ねることです。

日本という国はＩＴやＤＸという言葉が登場する前から、さまざまな工夫と努力で業務効率化を図ってきました。だからこそここまで高度な社会インフラを作りあげることができたのです。これらを作りあげてきたやり方や業務プロセスを全否定してＩＴ化やＤＸ化を進めることは、今の現場の仕事を否定するのに等しい。

尊重すべきは尊重し、さらなる効率化を高めることができるならば推進する。現場の仕事のやり方や業務の流れの意味を理解しなければ、ＩＴ化やＤＸ化は絵に描いた餅に終わることになります。

先に紹介した物流業界の例もそうです。自動運転が一般化すれば少しはドライバーの人手不足も解決するかもしれません。宅配ドローンが一般化すれば、小規模な荷物は簡単に運ぶことができるかもしれません。

しかし、仮にできても全ての解決にはなりません。その実現に向けて取り組む際も安全性や盗難など、新たに現場で起こるべき事態を想定しなければなりません。現場を無視したストーリーを描き、ＩＴ化やＤＸ化を推進すると、現場の現実との乖離で問題点が噴出するのがおちです。

一昔前のＩＴブームのときもそうでした。中小企業の経営者などはＩＴベンダーやＩＴコンサルタントに難しい資料の説明のもと明るい未来を語られる。そのまま提案に乗り、導入を進めてみると思った効果も出ないし、現場の反発も強い。なぜそんなことが起こるのかといえば、現場で働いているのが人間だからです。ＤＸでも同じでしょう。現場を知ることなしに机上の空論で物事を進めても何も変わらないのではないでしょうか。

最新技術を追っかけすぎて疲弊する

いつの時代もヘビーユーザーは存在します。自動車でもパソコンでも最新機種が登場したらすぐに入手する。購買動機は最新技術を堪能することですから、コストなども度外視です。

スマホを購入するときのことを考えてもらえればと思います。何を重視して購入するのでしょうか？　自分がどの程度、スマホの機能を使いこなすかで機種や性能を見極めているのではないでしょうか？　高画質な写真撮影は譲れない人はその性能を重視するでしょうし、重量を最優先する方はその点を重視するはずです。画面の大きさも選択肢の一つでしょうし、シニアの方などになれば「とりあえず機能の前にわかりやすさ」という方は、そのような専用スマホを選ぶでしょう。つまり、何かを選ぶときは自分のライフスタイルや嗜好性を吟味し、対象を選んでいるわけです。しかし、冒頭のヘビーユーザーは少し違います。まず、最新技術であるということが購買動機ですから、合理的、経済的な理由などはあまり考えないでしょう。

実はＩＴの導入もヘビーユーザー的な発想で選択している経営者も少なからずいます。ただし、経営者がそう判断しているというよりも日本人の多くが持つ「新技術＝より便利、より安心」という印象操作がそうさせているのではないでしょうか。提案を受けた際に「どうせならば最新技術で」という気持ちもわかります。以前は社内で自社サーバーを持ち、独自にシステム開発する企業も多かったので、このような流れで多大な投資を行い、後悔する経営者をよく見てきました。要は効果が投資に見合わないのです。

こういう行為は、経営者としてはご法度の判断・選択です。

本章の冒頭でも述べましたが、ＩＴ化やＤＸ化の取り組みの際に肝に銘じておくべきは、目的を明確にするということです。「何のために？　何をどうしたいのか？」という点が重要です。そして、その実現に目の前にある最新技術の投資が見合うのかを自問してみるのです。場合によっては、すでに自社にあるものでできないか？　中古でもよいのではないか？　こんな選択もあり得ます。相手の話ばかり聞き入れていると、気が付いた時には、目的からかけ離れた投資をしている可能性があるので要注意です。

あるものを使う。なければ待つ。それでもなければ作る。

自社で作ったものは、企業の差別化要素になる。当社の顧客への定番トークの一つです。

少し解説します。クラウドサービスにしても、一昔前に比べたら、すぐに使えるものが沢山出回っています。経営の視点で考えても、今は、小さく初めてトライを繰り返す時代です。これをリーンスタートやアジャイル経営ともいいますが、今どきのＩＴ投資には欠かせない進め方です。

だから、まずは、あるものを使うのがたいていの場

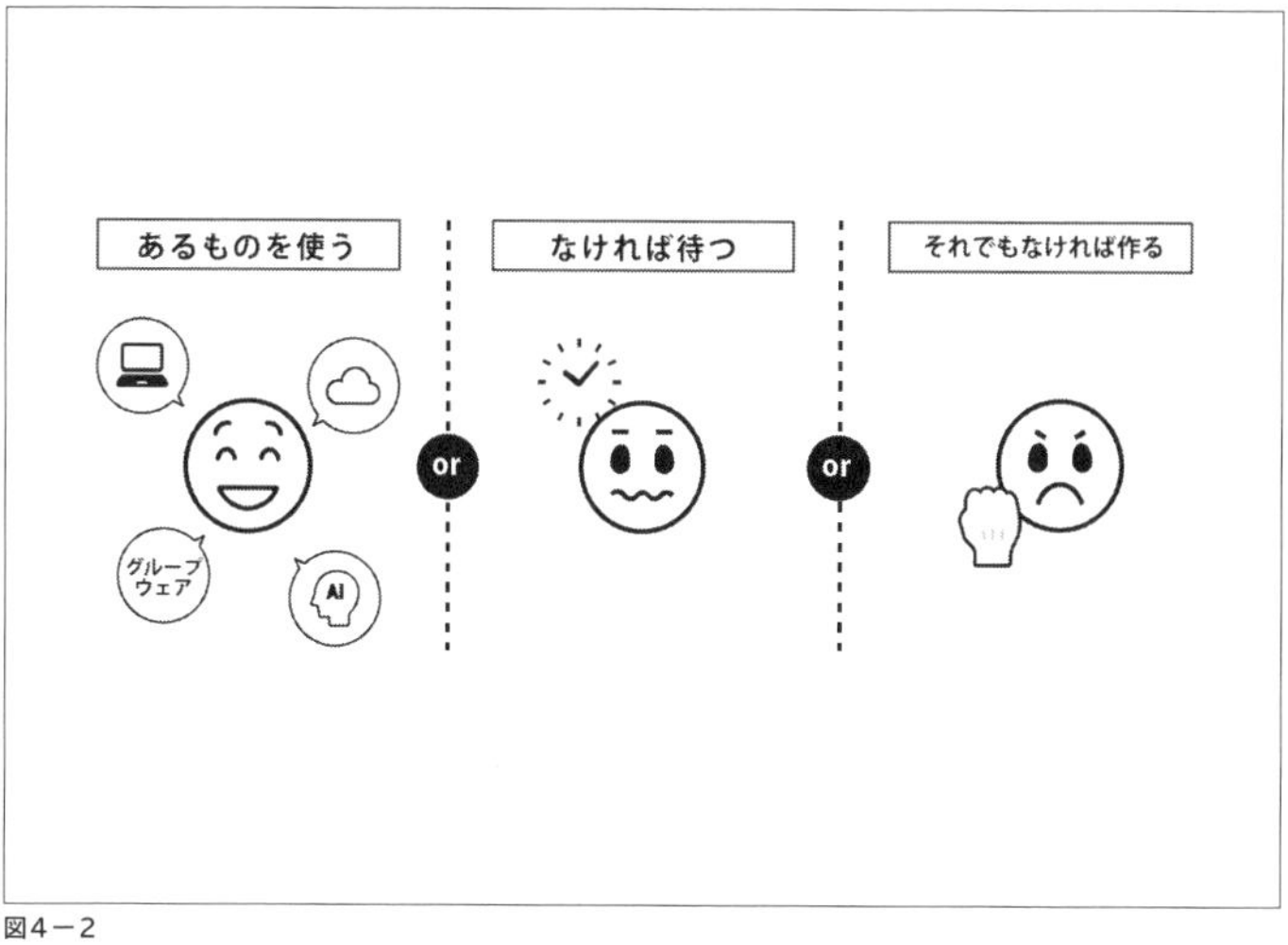

図4－2

合、正しい選択です。

そして、なければ待つ。変化が激しい時代のＩＴツールの選択は、待つというのも有効な手立てです。なぜなら、理由はシンプルです。すぐにライバル会社が機能アップしたサービスを提供するし、新しいクラウドサービスは雨後の筍のように登場しているからです。

最後は、それでも必要ならば自社で作る選択。これが自社にしかないビジネスモデルや業務のやり方であれば、自社で作るのがベストでしょう。できれば、ノウハウの流出を防ぐために内製化してもよいぐらい。すでに世の中に数多く登場していますが、ユーザー企業が開発したソフトウェアサービスが新たな価値を生む時代が始まっているのです。

任せる相手が間違っている

物事の成否は、実は誰に任せるかにより大きく変わります。ＤＸの世界でも然りです。すでに書きましたが、デジタル庁が立ち上がったときに、実は不安を覚えました。だからアナログ庁の必要を私は提唱しました。国がＩＴやＤＸへの社会変革を牽引するという意味で、新たな省庁を生み出すことは賛成です。ただ、そこに関わるメンバーを見てみると、やはりＩＴ業界出身の人たち中心で固められている。役所仕事ですから仕方ない…といえば語弊がありますが、最初からボタンをかけ間違えている気がしてならないのです。

すでに述べてきたように、ＩＴ化の最大の目的は企業側の視座に立てば「コストの削減」と「売り上げの増大」です。そして、企業側と一言でいっても大企業から地方の中小企業までさまざまです。もちろん、業種業態も千差万別です。

そんな企業がＩＴやＤＸの相談を誰にするのか？　大企業には相応の大手ベンダーのコンサルタントが対応するのでしょう。中小企業も相談する相手は地場のＩＴベンダーやＩＴサービス会社などでしょう。やっぱりＩＴ畑の人たちと話をしなければならないわけです。経営者がＩＴに精通していればよいですが、中小企業においてはそんな方はまれです。そうなると相談している相手に色々と頼らざるを得ない。もちろん、顧客企業の発展に想いを馳せ、誠実に対応してくれる会社もあるでしょう。必要なものだけを提案し、不要なものはハッキリと不要と言い切るように。しかし、そんな会社や担当者はなかなかいないものです。彼らも商売ですから、やはり売りたい。不要とまではいかないが、「先々を見越してこの機会に」なんて枕詞と共に売り込んできます。会社の実態と乖離したＩＴ化やＤＸ化の投資が生まれる瞬間です。

最近はＩＴコンサルタントのような人たちだけでなく、士業の方などもＤＸという言葉を頻繁に使っているようです。とにかく、企業の共通課題と経営者の会話のなかに刷り込んでいくのです。しかし、当の本人たちはそのＤＸとやらの正体もわからない。バズワードというのは、以前からそういうものですが、言葉だけに踊らされないように気をつけたいところです。もしかしたら、貴社のＩＴ化やＤＸ化はそもそも任せようとした相手が違っているのかもしれません。

ＩＴ業界の本音と建前を知る

ＣＴＯ（チーフ・テクニカル・オフィサー）やＣＩＯ（チーフ・インフォメーション・オフィサー）という役割を置くエクセレント企業が増えています。最近ではＣＤＯ（チーフ・デジタル・オフィサー）なんて役職も登場しているようです。ＩＴやＤＸを企業経営に活かしていこうと考えると、このような役割の人を置いて、常に技術動向や社内の利活用も含めて迅速に専門的な見地でキャッチアップしてもらいたいと考えるのは当然かと思います。

ＩＴやＤＸは色々な立場の方が、多様な意見を発信しています。このようなＣＴＯやＣＩＯは当然、自社の経営戦略に沿ったＩＴやＤＸとの関わり方を、専門家の方はメディアなどで最新技術の動向や成功事例を交え、持論を展開しています。多様な意見があることはよいことですし、それはＩＴやＤＸと対峙する側としても参考になるのではないでしょうか。

しかし、本質的なことをいうと、人間は、立場や役割に縛られて、なかなか本音で意見を発信することは難しいわけです。特にＩＴ業界に身を置く人間がＤＸを語る場合、どうしても本音の割合は薄まります。ＩＴ業界はＤＸを推進したい。しかし、その裏側でＩＴサービス企業は従来、「ＩＴ活用」という錦の御旗で商売をしてきました。

それを突然、ＩＴからＤＸへ移行しましょう、と言い出すと、今まで自分たちが手掛けてきた仕事やサービスの意味を問い質されます。当たり前ですが、自分たちの過去の商品やサービスを否定するわけにはいきません。ＩＴ活用だけでも、まだまだ日本企業はうまく進めているとは言い難い。その失敗事例もよく知っているわけです。その状況でＤＸという言葉を使って今までと何が変わるのかという部分を説明しようにもなかなかできない。本音でいえば、ＩＴ業界だってわからないわけです。

すでに述べたように、ＩＴやＤＸは会社の環境によりけりです。ただ、その本音だけを語ってしまうと、ＤＸでの商売が成立しません。そのため、ＩＴからＤＸへの耳当たりのよいストーリーを考えるしかない。「今までうまくいかなかったことがＤＸで克服できる」「ＤＸでさらなる成長を加速する」というような表現が目につくわけです。

しかし、ＤＸの本質はＩＴ活用の延長線上にあることをＩＴ業界もよく知っている。この20～30年におけるＩＴ業界の企業や行政へのセールストークを思い出してもらえれば理解できると思います。「あれ？　以前も同じことといっていませんでしたか？」と思うことが多々あるわけです。でも、過去の自分たちの仕事を全否定するわけにはいかないですから、新たなストーリーを語り始めるわけです。

にわかにＩＴを語るようになったコンサルティング会社の発信するメッセージも、なかなか本音に踏み込めません。基本的に彼らのメッセージはどれも同じように映ります。自分たちの得意な領域からＤＸを語ります。戦略系コンサルティングが得意な会社であれば、事業戦略からＤＸで事業創造の流れを作りだします。でも、彼らもわかっています。過去のＩＴ活用と特段変わりはないことを。やはり、ＤＸという言葉で耳当たりのよい可能性を謳うことが今の時代の波に乗ることとして必要だと感じているわけです。

国や行政の立場でもさまざまなＤＸ待望論が出ています。政府も積極的に推進していますし、その余波は自治体にも押し寄せています。その自治体レベルのＤＸを見てみると、膨大な費用を投じて業務改善や教育プロジェクトを進めています。

ＤＸへ移行できればバラ色の世界が待っているのかと見間違うほど、自治体のＤＸへの傾倒は凄まじいものがあります。自治体も規模や地域特性などまちまちで、取り組みレベルの格差は相当あります。現実的には、中小企業と似たような課題を抱えるところもあります。

もちろん、ＩＴ業界やコンサルティング業界も遅れた自治体のＤＸ化を推進すべく、先進的な取り組みを担ぎ上げ、あらゆるメディアでその効果を叫びます。

こういう本音と建前をそれぞれの立場の方が抱えながらＤＸは語られています。その風潮をことさら盛り上げる役割がメディアです。雑誌、ウェブ問わず、メディアはとにかくＤＸを取り上げます。読者やユーザーにとにかく関心を持ってもらいたい。関心を植えつければ、商売として成立します。関連書籍は売れるし、セミナーを開催しても満席です。皆がモヤモヤした状態だからこそ、知りたいという意欲をかきたてる。

商売ですからそれも立派なマーケティングです。ただ、肝心なことは最終的にＤＸの恩恵を享受するだろうユーザー側の視点が欠落しているのではないかということです。医療現場のスタッフや一次産業に従事する方々、年金生活をしているシニアの方など。大企業や自治体の内部を中心にしたＤＸ論を語っても、それは本当に一部分に過ぎないし、なによりマーケティング色が強く本音のＤＸ論にはなりえません。

「結局、今まで騒いできたＩＴ革命とは何が違うのか？」

関わる人々は、まずこの問いに答えないといけないのではないでしょうか。

ＤＸを今だけのビジネスで考える危うさ

現代の企業経営の難しいところは、先進国の中でも特に急速にマーケットが縮む国、日本で、顧客をいかに囲い込むかという点です。これから少子高齢化が顕著になる日本ではさらに難しくなる。人口が増えていた時代の経営は今と比べたら、かなり楽だったと思います。それは今の伸び盛りの新興国を見ていればわかります。無理な顧客の勧誘や囲い込みなど必要ないからです。

また、昔のように、商圏が狭いなかでの商売であれば、それほど悩む必要はなかったと思います。

「サザエさん」に登場する酒屋の三河屋さんのように、地域の御用聞きとして商売が成立します。生活者側も選択肢が少なく、顔を頻繁にあわせている安心感が十分な購買動機になるからです。

しかし、情報化社会となりインターネットが普及すると、生活者はさまざまな情報を容易に入手できます。隣町の酒屋の方が安い、通販で頼んだほうが早い…など。比較検討も容易ですから、選択肢の幅が広がります。経営側からすると、なかなか難しい状況です。かつての三河屋さんのように、顔をあわせている安心感は通用しません。いかに、ライバルより顧客のニーズと嗜好を把握し、いちはやく顧客の求めている提案をしなければなりません。

こういう顧客環境の変化が何をもたらしたかといえば、個人情報にもとづいたビジネスの台頭です。個人情報の活用は、ずいぶん昔からありましたが、ここ最近は激化しています。ＳＮＳはコミュニケーションツールとして成立していますが、実はこれこそ個人情報の宝庫です。アクセス履歴から嗜好性を判断し、その情報を二次利用・三次利用して商売に役立てようというものです。

ＳＮＳでいえば、それら情報がターゲティング広告に利用されるわけです。スポンサー企業としては嗜好性にあったユーザーにダイレクトにアプローチできるのですから、新聞や雑誌に広告を載せるより効率がよい。これがインターネット広告の本来の姿です。なにげに使っているSNSや検索サイトで皆さんの嗜好性が有益な情報となり、利用されているのです。

ＩＴやＤＸはその商売の仕組みをさらに加速させるにはうってつけです。その進化は凄まじいスピードで進んでいます。

もちろん経営者も、自社の商品やサービスを顧客に効率よくアプローチしたいと考えるのは当然です。顧客がいないより、増えた方が嬉しいですし、一人の顧客により多くの商品やサービスを購入してもらいたいと考えます。ただ、それが行き過ぎるとおかしな社会になるというのは、すでに日本では兆候が現れているとおりです。日本はとっくに人口ボーナス期は過ぎています。

なぜ、個人情報の漏洩が起きるのかといえば、その情報が商売になるからです。犯罪に悪用されることもあります。個人情報の取り扱いについては、日本よりも先に、ヨーロッパが主導して世界的にも規制が厳しくなりつつあります。それでも、そんな個人情報を追い求める商売の仕組みは進化を遂げ続けています。ＩＴやＤＸの取り組みもこの分野が日増しに大きくなっています。ある意味仕方はありません。誰もが商売を成功に導きたいのですから。しかし、それが不健全なやり方であるとしたら、話は変わります。

私は、ＤＸはもう少し今のビジネスの最前線とは切り離した領域でうまく活用すべきではないかと思っています。ＩＴやＤＸの本質の一つは今まで見えなかったものを見えるようにできる点です。個人情報についても同様ですが、例えば、企業の健全性をしっかりと見える化するために活用するなど、そういう利用も盛んになってほしいと願っています。エシカル消費が若い人の間でも広がりつつあります。企業活動や商品を見極めるためにＩＴやＤＸを最大限に活用できれば、企業側も今までとは異なる無理のない自然体の顧客の囲い込みができるようになります。

他のテーマに目を向けてみましょう。

今だけ、ここだけ、自分（自社）だけ。こういう目の前主義で突き進んできた日本も、転換期にあるのは間違いないです。特に、日本はじめ先進国は自分たちの論理だけで、経済発展を進め、地球の資源を浪費し、ゴミを廃棄。こういうサイクルで奔ってきた結果、新興国や途上国にツケを押し付け、先進国の負の部分を見えなくしてきたのも事実です。実際、先進国からのゴミが山積みの新興国もあります。

ＩＴが世界中に行き渡り、見える化と記録が進めば、こういう問題も改善に向かう可能性は大です。

健全なサプライチェーンがグローバルに広がる。世界中の人が、企業の考えややり方をチェックすることができる。当然、今だけ、自社だけの会社は顧客から選ばれなくなる…。

では、それぞれの企業がどこに進めばよいか？　情報のあふれる時代には、答えは見えているのです。そのためには、今だけのＩＴ化やＤＸ化ではダメで、あるべき姿（ＴｏＢｅ）から考える必要があります。別の言い方をすれば、バックキャスティングです。民間企業も役所も、ようやくこの方向に向かい始めました。そのための手段として、デザイン思考やアート思考があります。

これからは、社会を健全にする、良くするために、しっかりと先を見据えて、会社や組織が活動する時代

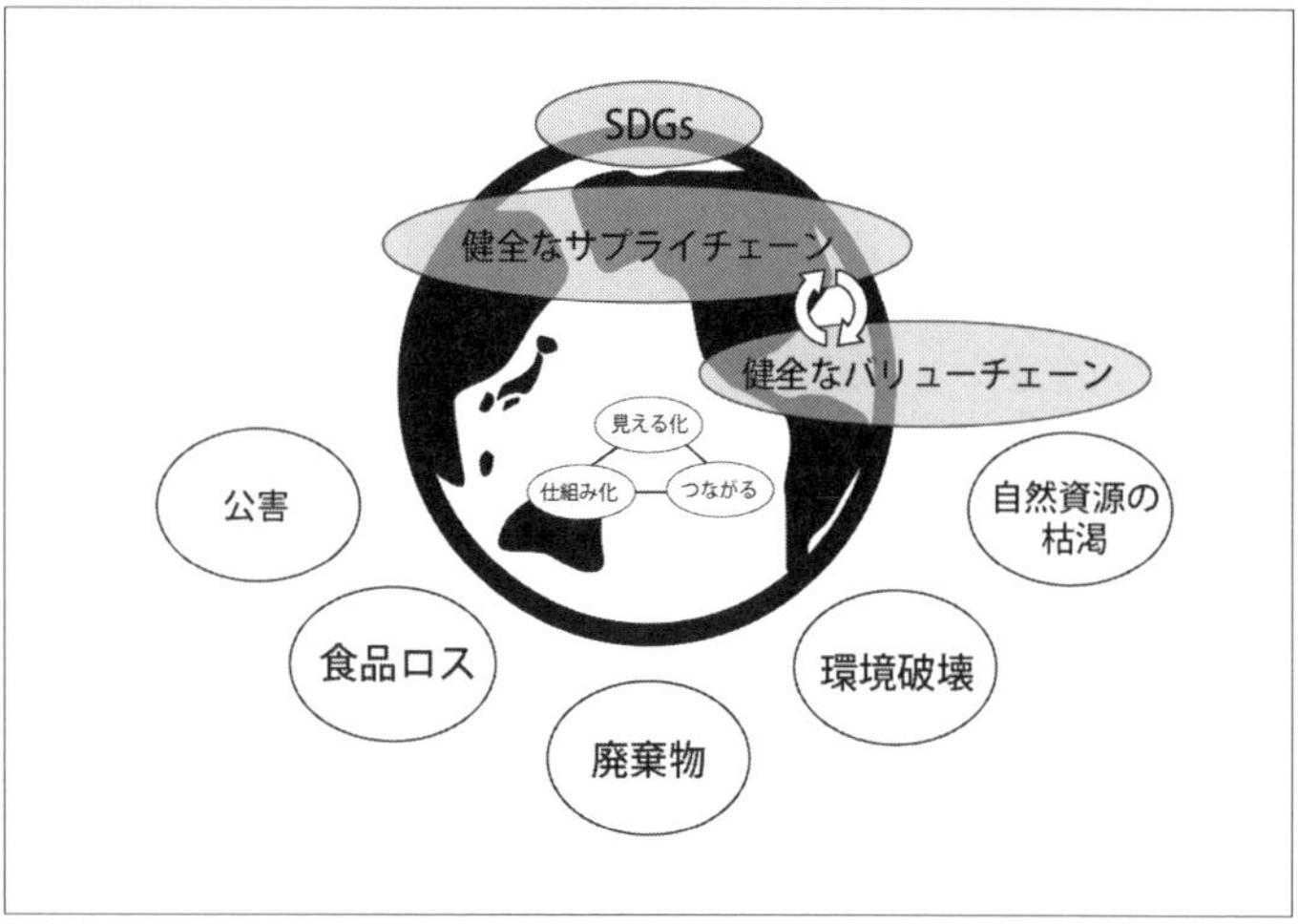

図4－3

なのです。そのためのＤＸであるべきなのです。大企業などは、ＳＤＧｓを宣言していても、自社＝社会の感覚の旧態依然の企業も沢山あります。これからの経営者は、自社中心の視点だけではなく、社会全体を見ていくことが大切です。

第5章　ＩＴもＤＸも本質は情報活用にあり

行き着くところは情報活用

ＩＴやＤＸの話題になると、頻繁に登場する言葉があります。

それは、情報やデータです。最近は、ここにデジタルが加わってきたので、ややこしくなっているのも事実です。少し整理してみましょう。

ＤＩＫＷモデルはご存じでしょうか？

そもそも、データと情報の違いはあいまいなのですが、正しい理解や思考のため、基準合わせのために少し説明します。

データを整理すると情報、情報を体系化すると知識、知識を醸成すると知恵と考えています。

データとは、情報とは、なんとなくわかってきたでしょうか？

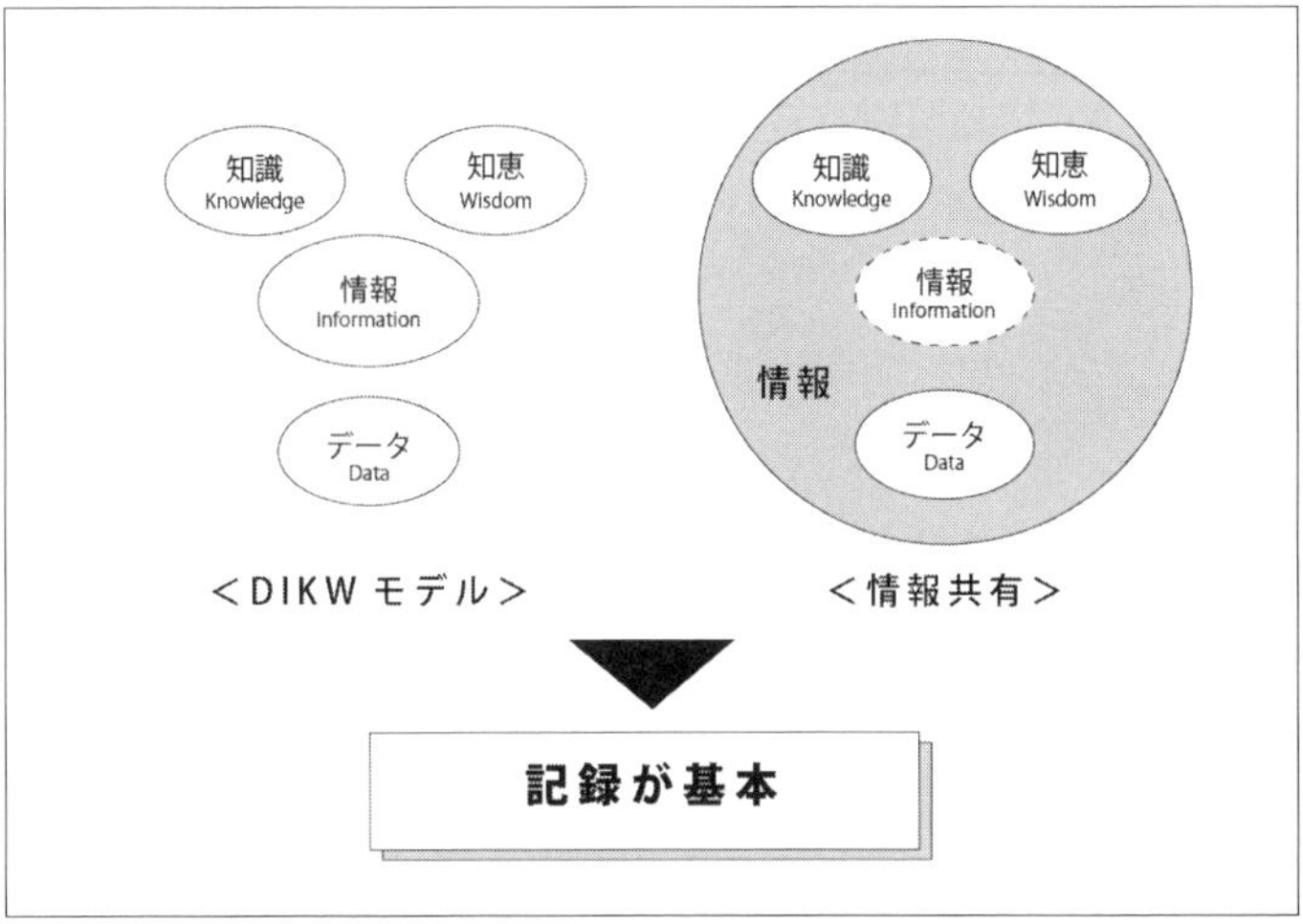

図5－1

概念的には、情報の下にデータがあります。実は、必ずしも現実社会ではこういう使い方にはなっていません。当社では、この図５―１で表現した全て、つまり、データ、情報、知識、知恵の全部を情報と考えても間違いではないとしています。むしろ現実社会の使い方と合っています。あくまでも、印象ですが、情報共有とデータ共有で対比して考えてみると、理解が深まります。こういう時の情報は、結構、定性的なあいまいなことも含んでいます。一方、データは定量的な印象が強いし、もっといえば、数字の印象が先に来ます。

ということで、ＩＴやＤＸを考えるときは、データだけに焦点を当てるよりも、全部を総称して情報という方がしっくりくるし、経営の現場ではブレが少ないと思います。

では、デジタルをどう考えるかですが、デジタルデータ、デジタル情報とすればどうでしょうか？　デジタルでないデータやデジタルでない情報があるのか？　もちろん沢山あります。現時点でも、こちらの方が世の中には多い。なぜなら、デジタル化は始まったばかりだからです。知識、知恵のデジタル化もあります。アナログ情報をデジタル情報に変えるという取り組みです。

いかがでしょうか？

すでに書きましたが、経営資源といえば、ひと、もの、かね、情報と長年いわれてきました。

そもそも、情報というのは国家運営にも企業経営においても、きわめて重要であるということはおわかりだと思います。かつて、第二次世界大戦でナチス・ドイツが『エニグマ』という暗号機を使用していました。当時のイギリスがこのエニグマの解読に成功し、戦況を覆す一手としたことは広く知れ渡っています。身近なところでも、情報の重要性は日ごとに増しています。自動車のナビシステムは常に最新の地図情報が反映されていないと意味をなしません。10年前の地図情報のままでは使いものにならないですよね。ホテルの予約サイトや比較サイトなども、まさにデジタル情報の迅速な収集と活用を活かしたモデルです。

では改めて、経営に活用する情報とは何かを考えてみます。

顧客情報、技術情報、アライアンス情報、人事情報、営業情報、クレーム情報など、実に多様です。

企業経営では、変化の激しい時代になればなるほど情報の重要性は増しています。情報をいかに収集し、それをいかに活用するか。この20年以上にわたり、経営者の多くはそのことに腐心してきたのではないでしょうか？　そう考えると、ＩＴ化やＤＸ化の行き着くところの一つは、情報をいかに収集し活用できるか、ということになります。

次に、データドリブンについて考えてみます。

ドリブンというのは駆動するという意味です。

つまり、これからの経営はデジタルデータを蓄積して、データ駆動型で行っていきましょうという意味ですね。わかったようなわからないような…。バズワード的かもしれません。大企業中心に、このデータドリブン経営がトレンドになりつつあります。

最近は、ＤＸとセットでデータドリブンという表現が目につくようになりましたが、情報ドリブンという言葉はあまり聞かないと思います。

少々、小難しい話になりましたが、さらに説明をします。

情報とデータの区分は先に書いた通りです。

私は、中小企業などは、情報ドリブン（情報駆動型）という方がしっくりすると考えています。

情報を活用した経営を、今の中小企業でどれだけできているでしょうか？

二十数年前、顧客満足度を向上するための情報活用という改善活動が流行した時期がありました。

当社では、大企業はじめ中小企業も数多くお手伝いしました。

これはいうなれば、情報ドリブンの経営を志向する姿だったといえます。

マーケットが縮みだした中で、ＩＴを上手に使って、情報を共有していかに顧客の満足度を高めていくかということでした。それが、今や…ビッグデータ。これは中小が簡単にまねできることでもないです。

中小企業は、まずは、自社の経営に必要な情報やデータは何かという原点に立ち返って整理、蓄積し、会社で共有して活用することが大切です。

記憶から記録へのパラダイムシフト

この20～30年、仕事の現場で何が大きく変わったのか。さまざまな意見や考えがあるでしょうが、私は「記憶から記録」への転換を大きく変化した点としてあげます。従来のアナログ情報と呼ばれる…例えば、会話や通話、手紙のやり取り、あらゆるものがデジタルデータとして記録・共有されるようになったわけです。パソコンで文書を作ってデータで保存するということは当然ですが、その情報をメールやチャットに添付して瞬時に第三者に共有できる。これだけでも、実は企業経営においてのパラダイムシフトだったのです。

かつては記録する手段が限られていたため、ビジネスにおいてもそこまでスピードや再現性が求められませんでした。優秀な営業パーソンがいたとして、その商談方法や進め方を全社的に教材として広めたいと思っても、昔はなかなか難しかった。商談に同席した後輩が見て学ぶ。先輩や上司の営業報告書から進め方を学ぶ。いずれにせよ、その有益な情報を伝播させようとしても、範囲もスピードも手段も限られる。そのために出張させ、商談に同席させる。優秀な講師として講義をさせる。どれも手間暇かかるので、なかなか難しい。

そうすると結果として会社にエキスパートのノウハウが残らない。暗黙知として継承はされるかもしれないが、誰もがそれを参考にする術はあいまいになります。

しかし、今はそんな悩みを解決する手段がいくらでも存在します。営業パーソンの商談にオンラインで同席させ、顧客の了解のもと記録する。その記録を動画データとして編集を行い、社内で誰でも視聴できるよう共有もする。そこからマニュアルを作成し、それを随時改訂し、社内の人材教育に役立てることもできる。

数年前から「ビッグデータ」というキーワードが注目されるようになりました。記録の時代はあらゆる情報がデジタルデータとして記録されていく。いつしか、その記録されたデータは膨大に蓄積されていくことになります。蓄積することを目的としているならば、今は、それはそのままでいい。検索性を改良し、目的の情報を迅速に探し出せるようにしておけばとりあえずはＯＫです。しかし、この膨大なデータを活用して、新しいビジネスのアプローチを考えられないか。ここ最近、コンピューターの処理能力は飛躍的な進化を遂げています。ならば、この記録されたデータを大いに活用して、新しいビジネスチャンスを発掘しよう。これが現時点のＤＸの取り組みの主たるテーマです。同時に、データが蓄積されていくと、ＡＩ活用の下地もできつつあるといえます。

しかしながら、ビッグデータの活用が顧客開拓や顧客の囲い込みを主目的としているのが現状です。これだけではさみしい限りです。もっと使い方は色々とあります。

デジタル情報をいかに活用するかということは、つまり記録と共有の精度をいかに高めるかということに尽きると思います。グーテンベルクが発明した活版印刷機は、今まで手作業で時間のかかっていた印刷物の大量生産を可能にしました。

このことで世界に広く普及した代表的な書物があります。それは聖書です。もちろん、聖書だけでなく、多くの宗教家、哲学者、研究者の書物が広く行き渡るようになったのです。活版印刷機が変えたのは印刷工程ではなく、情報の収集・共有・活用という人々の営みといえるでしょう。

現代のデジタル技術の普及もそれに似ており、与える影響度は活版印刷機の比ではないでしょう。あらゆる情報が記録され、共有される。私たちの生活も企業経営もそのことが前提になりつつあります。

だからこそ、まずは記録すること。これが大切なのです。

スマホは持ち主の行動履歴が蓄積されています。どこに、いつ、どんな店に入ったか、どこのホテルに宿泊したか。そんな情報も蓄積されています。自動車も同様です。どこで、どんな速度で、どのような運転をしていたのか、データは蓄積を続けています。冷凍トラックの荷台には温度センサーが装着され、温度や湿度のデータが常に記録され、蓄積されています。

そこで蓄積された膨大なデジタルデータを活用し、

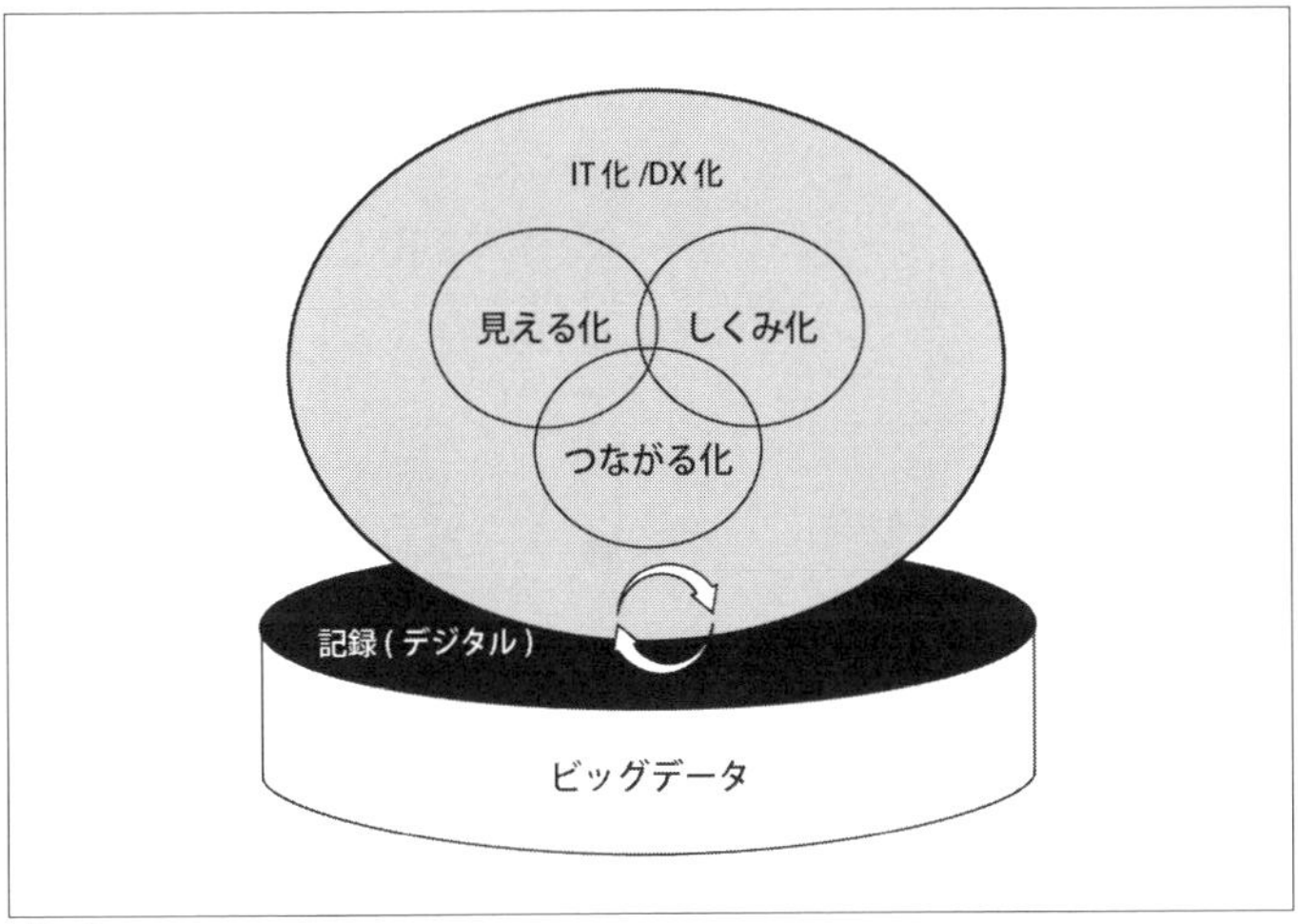

図5−2

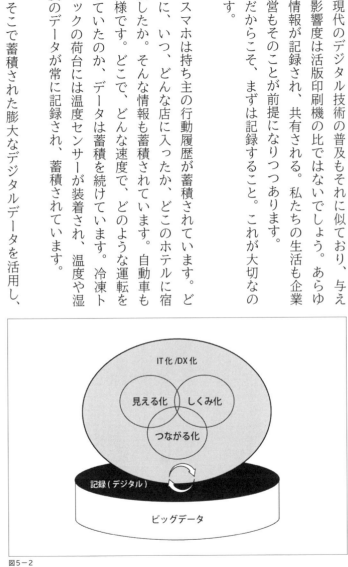

新しい商品やサービスを生み出そうとしているのです。先にあげた自動車の記録ですが、例えば自動車保険にはドライブレコーダーを装着すると割引を受けられるサービスが多くあります。これはドライブレコーダーを設置することで、事故時の原因究明を迅速にしたいという保険会社の思惑があるのは当然ですが、蓄積される走行データを分析・スコア化し、その運転特性に対してさらに割引を行うという新たなサービスを生み出しています。

そして、この記録された膨大なビッグデータを別の角度から解析していくと意外な行動特性が見つかるかもしれません。これがまた新しいサービスを生み出す種になるともいえます。そう考えると、企業にとって記録されたデータはダイヤの原石です。技術の進化で記録すること自体、難しくない時代です。だからこそ、このデータをいかに健全な活用に結びつけるかが問われているのです。それは、健全な社会の構築に貢献することなのです。

かつて、経営の神様といわれるピーター・ドラッカーは、利益は企業存続の条件と提唱しました。今は、それに加えて、儲け方が健全かどうかも問われる時代です。

変革ばかりがＤＸの話題ではクローズアップされがちですが、変革というよりも、経営の姿勢の転換といえるのではないでしょうか？　それは、決して儲け方をもっと巧妙に上手にする変革ではないはずです。

生活者が自ら情報収集する時代

ここでは情報の収集について考えてみたいと思います。まず、企業の経営者が認識しておかなくてはならないのは、情報を収集しているのは企業も含めて生活者もステークホルダーも同様であるということです。当たり前のことですが、企業だけが情報を一方的に収集していた時代ではないのです。企業が収集される側でもあるという意識を高めておかないといけません。

企業は生活者の特性や嗜好性をつかむため、さまざまな手法を試みます。アンケートやヒアリングから始まり、それは先ほど述べたビッグデータを蓄積しながらということもそうでしょう。しかし、一方で生活者側も企業側の情報を求める時代です。生活者の嗜好にあった商品やサービスを一方的に提供していればよいという時代はとうに過ぎ去りました。そのような経営は高度経済成長期においては主流だったと思います。しかし、世界中の商品が容易に入手できる今の時代、多様な選択肢から自由な購買が可能です。そのような時代において、経営者は、生活者の情報収集についても敏感にならなければなりません。

昨今はＳＤＧｓについて、さまざまな発信が企業からなされています。企業の責任として社会の課題の解決へ取り組みを進める姿勢を明らかにし、その情報を発信しています。従来、このような取り組みが生活者に届くためには紙媒体やテレビ等の電波媒体が利用されていましたが、今ではインターネットが主流です。すでに述べたようにエシカル消費が盛んになってくる現代においては、企業が提供する商品がどこのどんな素材で作られ、購買活動がどのような貢献につながるのか、という点も重視されます。だからこそ、企業は生活者にタイムリーに情報を提供する。自分たちが選ばれる根拠を示さないといけない。

以前であれば、企業はここまで詳らかに情報を提供しなくともよかったわけです。顧客が望む商品やサービスを提供することが第一義とされてきました。しかし、今はそのような企業側の論理で生活者は動きません。

企業が自分たちのビジネス活動を『見える化』しないといけないのです。健全性を自らが見える化し証明しないといけないともいえます。生活者もこのような情報が入手できなければ、その企業を選ばないという冷徹な判断をくだします。生活者の情報収集の要望にいかに応えることができるかという点で、現代は情報収集するのも生活者が主役の時代ともいえるでしょう。

積極的に情報を発信する意味と価値

前項で生活者の情報収集について述べました。企業側は生活者に対してはもちろんのこと、さまざまな方面で情報を発信していくことが求められます。これも情報をいかに活用するかという点で大切なことでしょう。

大企業や上場企業であれば、ステークホルダーに対しての説明責任（アカウンタビリティ）は当たり前の時代です。では、それ以外の企業や組織はどうなのかですが、これは今後、中小企業の世界にも波及してくるのは間違いありません。なぜなら顧客である生活者が望む方向だからです。

今、オウンドメディアに取り組む企業が増えつつあります。

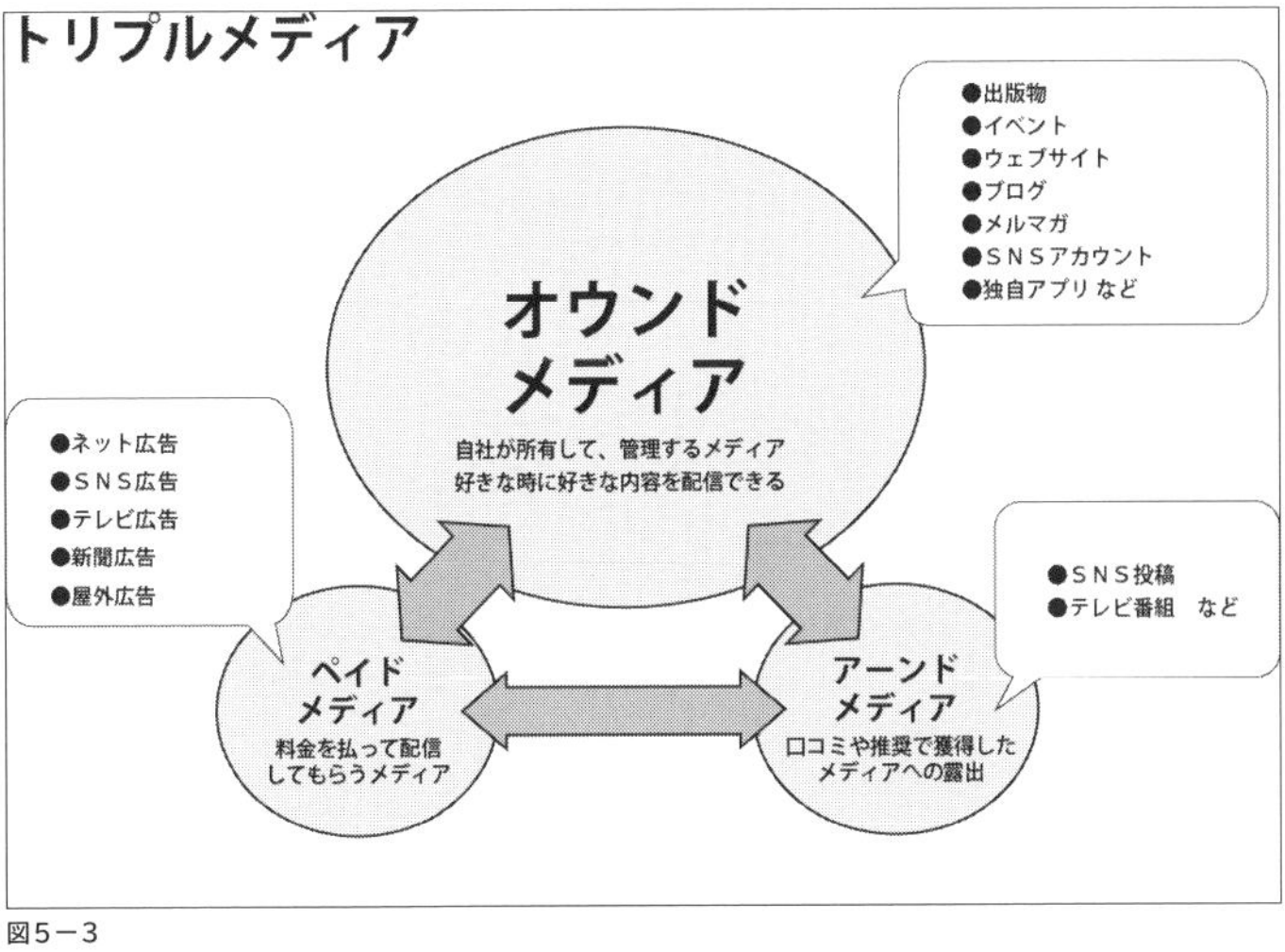

図５－３

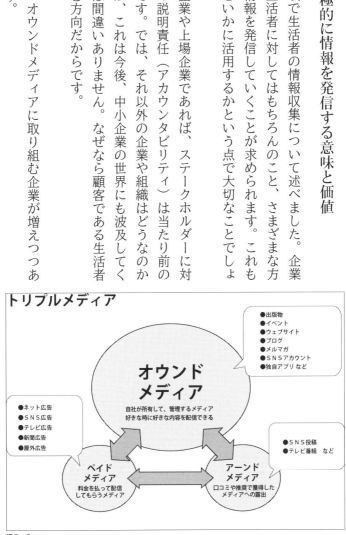

この現象は、30年ほど前、企業のウェブの活用が始まったころと似ています。違いといえば、今はSNSがあり、動画が使えます。そういう意味では、テレビCMに匹敵するとはいわないまでも、中小企業でも、自らが生みだした情報やコンテンツを自らが編集して発信できる時代が来たのです。使わない手はないのです。

例えば、どんな事業を展開しようとも企業がパートナーの情報を欲しているという事実を前提にすれば、自社の情報をしっかり発信しておくことで、さまざまな企業と出会う機会をつくることができるでしょう。そのためにウェブがありましたし、これからはオウンドメディアに進化していくでしょう。それ以外に現代では情報と情報を結びつけるマッチングサイトというものも数多く存在します。売りたい人と買いたい人を結びつけるサービスは当たり前のように存在しますし、仕事を発注したい人、仕事を請け負いたい人を結びつけることも容易です。デジタル技術を用いた仲介を担うサービスも情報発信においては重要な存在です。

自社の情報を広範囲に発信しておくことにより、多くの副産物が得られます。例えば、事業パートナーとなりえる企業から打診があるかもしれません。事業提携や資本提携の相手を探す際に、以前であれば銀行などに相談して、そのネットワークから紹介を受けるなどが主流だったかと思います。しかし、今ではインターネット上でＭ＆Ａ情報も入手できる時代です。情報収集の重要性が高まる現代だからこそ、自らの情報を発信することにも気を配っていかなくてはならないわけです。その発信した情報がきっかけで、新しい事業やビジネスが生まれてくる。そんな時代に転換しているのです。

自社の知的資産を活用するという意識を持つ

紙の書類などと異なり、デジタルデータは形がありません。だから共有しやすい。共有しやすいというのは拡散されやすい性質をもっています。使い勝手がよいので、社内では業務にまつわるデジタルデータがどんどん増えていきます。

ただ、立ち止まって考えてもらいたいのです。これが紙媒体ならば、それを管理するキャビネットや戸棚がどれだけ必要になるのか、と。紙媒体の時代は整理整頓しキャビネットなどで施錠管理していた書類が、デジタルデータになると無造作に作成され、サーバー上の管理がおざなりになっていることも多いでしょう。

実は、このようなデジタルデータは知的資産とも呼べるものが多く混ざっています。知的資産とはなにか。経済産業省も知的資産経営を勧めています。少し、説明を経済産業省のウェブから引用します。

「知的資産」とは、人材、技術、組織力、顧客とのネットワーク、ブランド等の目に見えない資産のことで、企業の競争力の源泉となるものです。

これは、特許やノウハウなどの「知的財産」だけではなく、組織や人材、ネットワークなどの企業の強みとなる資産を総称する幅広い考え方です。

さらに、このような企業に固有の知的資産を認識し、有効に組み合わせて活用していくことを通じて収益につなげる経営を「知的資産経営」と呼びます。

会社の経営に不可欠な情報でもある知的資産は、いざというときに活用できるよう、保全もしっかりされていないといけない。このあたりの考え方は、先に述

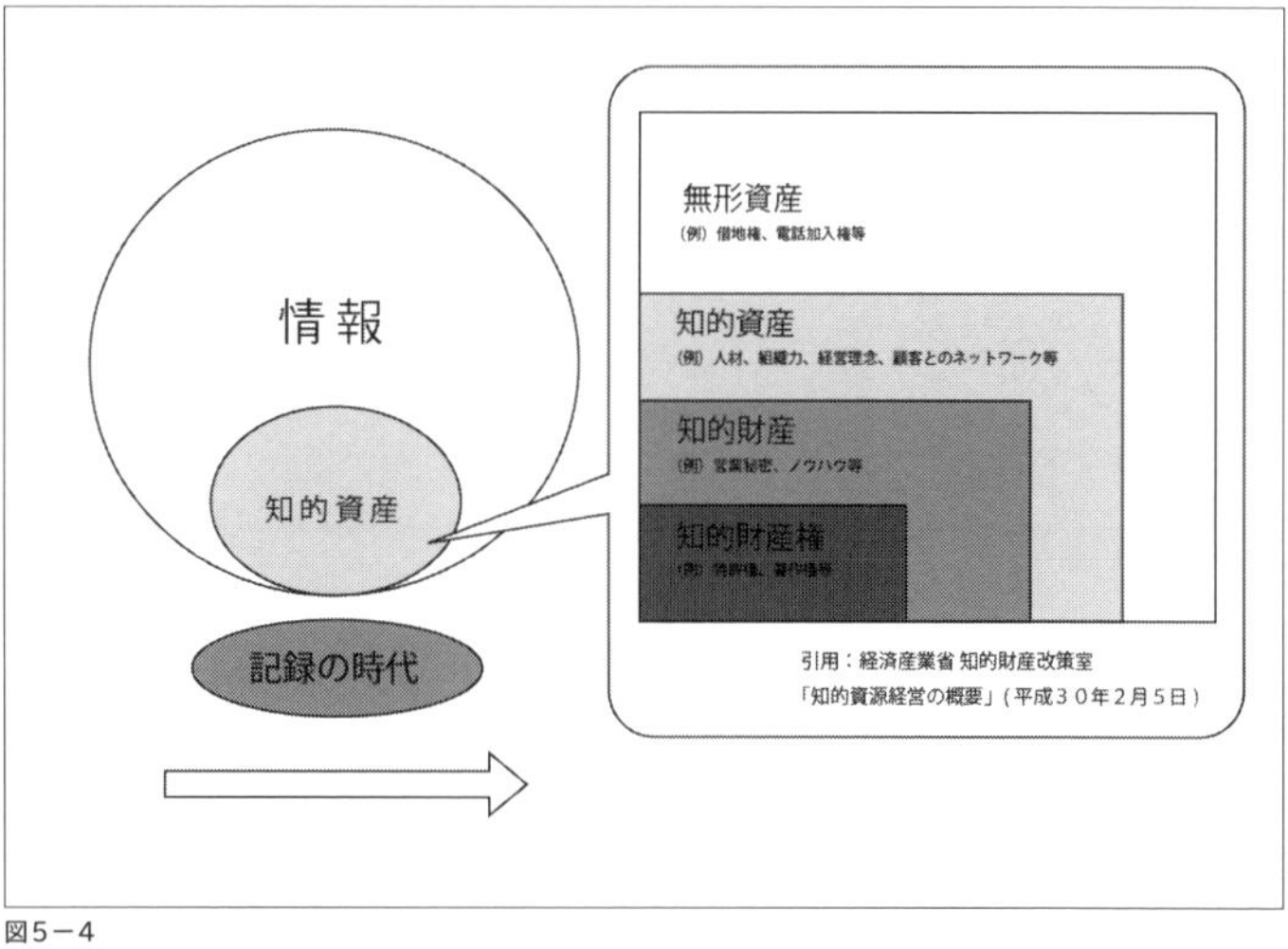

図5－4

べた紙媒体の時代と大きく変わりません。では、重要な情報とは何かというと、これは会社ごとに異なってくると思います。特許のように出願して登録されていれば保護されるような知的財産は当然として、実は、社内を見渡せば、知的資産に含まれる役立つノウハウや情報は数多く存在するものです。

例えば、先ほど述べた営業パーソンのノウハウの情報。これも立派な知的資産です。アポの取り方、商談の進め方、クロージング、顧客分析等、今後の人材教育に活かすためにも重要な情報です。顧客情報などは当然ですし、過去の業務情報のドキュメントなどもデジタル化されることにより、いつでも活用できるようになりました。このような知的資産をいかに管理・活用していくかという部分が企業に求められていく時代です。

従来は暗黙知と割り切って、知的資産としてあまり意識していなかったものも、これからはデジタルデータで可視化できる時代です。暗黙知が主流の時代は会社も管理のしようがありませんでした。ベテランの経験と勘が頼りです。いつの時代もこの暗黙知を形式知に変えようと経営者はさまざまな工夫を凝らしてきました。今では現場作業員への教育も動画データを利用して行われる時代です。翻訳したものを外国人作業者に視聴させ、教育に活用している企業もあります。

デジタルデータは作成も活用も容易です。ネットワークを活用して遠隔地の人間にも利用を促すことができます。企業は社内に蓄積した知的資産に対しても意識を高めていかなければなりません。外部に公開してもよいもの、社内だけで活用するもの。そのような情報の区分けもしておかなければなりませんし、何よりも活用したいときに活用できないという事態を回避するため、知的資産の定期的なチェックと棚卸しが必要なのです。

ITを活用した事業承継の新たな形

事業承継。企業支援をしている立場からすると、経営者の間でも日常の話題になったと実感します。特に、中小企業の世界では、ある程度社歴がある経営者にとって最重要な経営課題の一つといっても過言ではありません。

現に、事業承継を支援する、いわゆるM&A業界は、有望産業として活況を呈しています。背景には、戦後の高度経済成長を根底から支えてきた、数多くの中小企業が、時代の経過とともに、経営者交代の時期に差し掛かっているという実情があります。特に、創業者からどう次の経営者にバトンをつなぐかは、企業の重要な転換期であり、生き残り戦略を実践する上で最大の試金石でもあるし、企業の変革のチャンスでもあります。

業種業態にもよるが、総じて、創業者から次の経営者へ継承するのは、多くの困難が付きまとう。もちろん、ファイナンス面でいえば、経営者個人の債務保証をどうするかというハードルが日本の場合は、大きな課題ではある。

ここでは、企業が本来継承していくべき企業価値、技術、ノウハウ、顧客資産などの側面に焦点を当てて考えてみます。ＤＸ社会の進展に照らして、アナログが特徴の中小企業の事業承継にＩＴがどう貢献できるかを考えてみようと思います。

その一歩として、事業承継の成功に必要なポイントはいくつかありますが、ＩＴ活用と関連が深い３つを取り上げます。

それは、①属人化の排除、②経営の見える化、③知的資産の活用です。ここまでにも説明してきましたが、改めて、まずは事業承継に関しての①属人化の排除を考えてみます。

継続力、持続力に富んだ強い会社のイメージや特徴は、極端にいうと、社長やキーパーソンがいなくても、会社が円滑に運営できることである。言い換えれば、突出した個人に依存しない状態。この依存がとても重要なことを意味していて、突出した個人に依存して会社が活動しているということは、仮に、管理部門、技術や営業の現場でＩＴを使っていても、総じていえば、結局はアナログ的な会社なのです。

反対に、パワフルな個人に依存しない状態とは、ＩＴによる仕組みがあって、それを社員が上手に活用して、企業経営全般に関する日常業務が機能していることである。こういう風に読み替えると、ＩＴのメリットがよく理解できます。

ただ、これだけでは不十分です。管理部門の仕事や技術的な現場などだけが、ＩＴ化できているということになりがちです。

事業承継で大事なことは、創業者や社長が交代しても、企業経営が継続的に円滑に行われることです。こう考えた時に、重要なのは、経営者の特別な判断基準の共有です。これは経営判断を事例に考えてみるとわかりやすい。この責任者による重要な判断も、中小企業の場合、経験と勘と度胸といわれることが多々あるものの、今はやりようによっては、データを活用して客観的に論理的に判断できる可能性がある分野なのです。これがすでに書いた情報ドリブン型の経営ということになります。

次に、事業承継の要素として、②経営の見える化という視点で考えることも重要です。そもそも、見えないことを人から人へ継承することは困難です。

ＳＥＣＩ（セキ）モデルはご存じでしょうか？　形式知、暗黙知ではどうでしょうか？　暗黙知は見えない。中小企業は暗黙知の塊といわれます。アナログ的といわれる所以です。一方、大企業には形式知がたっぷりあるイメージです。

ＳＥＣＩモデルというのは、形式知も暗黙知も両方重要で、これを継続的に連鎖して循環させることだと私は解釈しています。つまり、形式知の活用、暗黙知の活用にもＩＴを上手に活用できる可能性は大なのです。

その原点は全てのデータや情報を記録することにあります。社長の訓示を記録する。職人の技を記録する。営業トークを記録する。考えたらいくらでもあります。当然業務マニュアルが整備された企業もあるでしょう。研究開発のドキュメントが沢山ある会社もある。これは形式知の範疇です。

仮にデジタル化ができたとしても、今度はそれを有効活用できる仕組みがあるかが次のテーマになりま

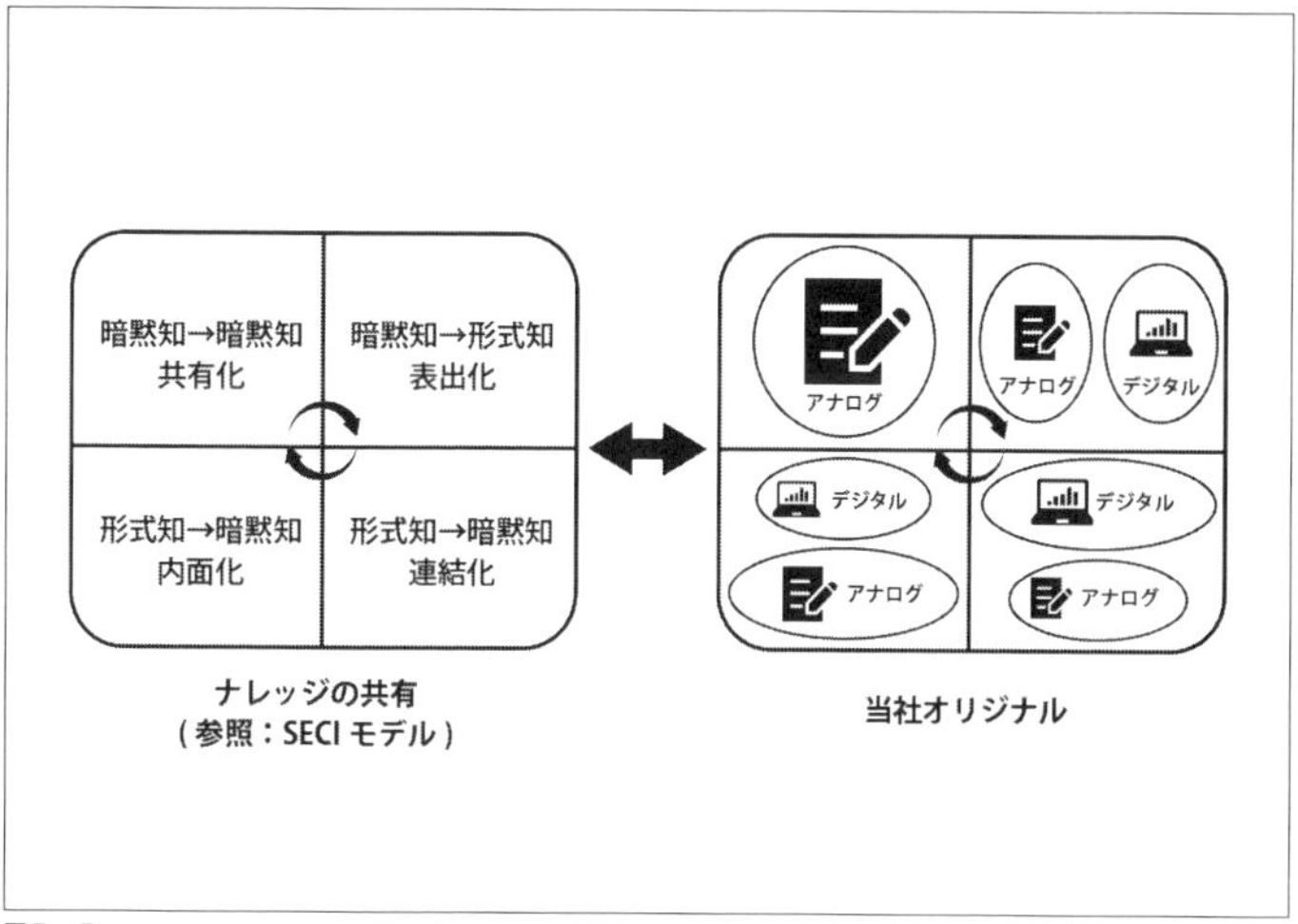

図5－5

す。従来の業務管理や営業活動のためのＩＴ活用とは全く視点が違うのです。会社の価値の源泉。これは、前項で説明しましたが、③知的資産の活用に該当します。

こういう資産の蓄積のための記録を日々実行して経営に十二分に活用する。今どきの記録とはデジタル化が基本です。事業継承のあり方が劇的に変わると私は考えています。未来志向の中小企業の現場で注目したい変化の一つです。

情報活用と情報セキュリティの関係

企業がデジタルデータを駆使して、情報活用を進めれば進めるほど、実は新たなリスクと直面することになります。ここまででも少し述べましたが、それが情報セキュリティとの対峙です。情報活用と情報セキュ

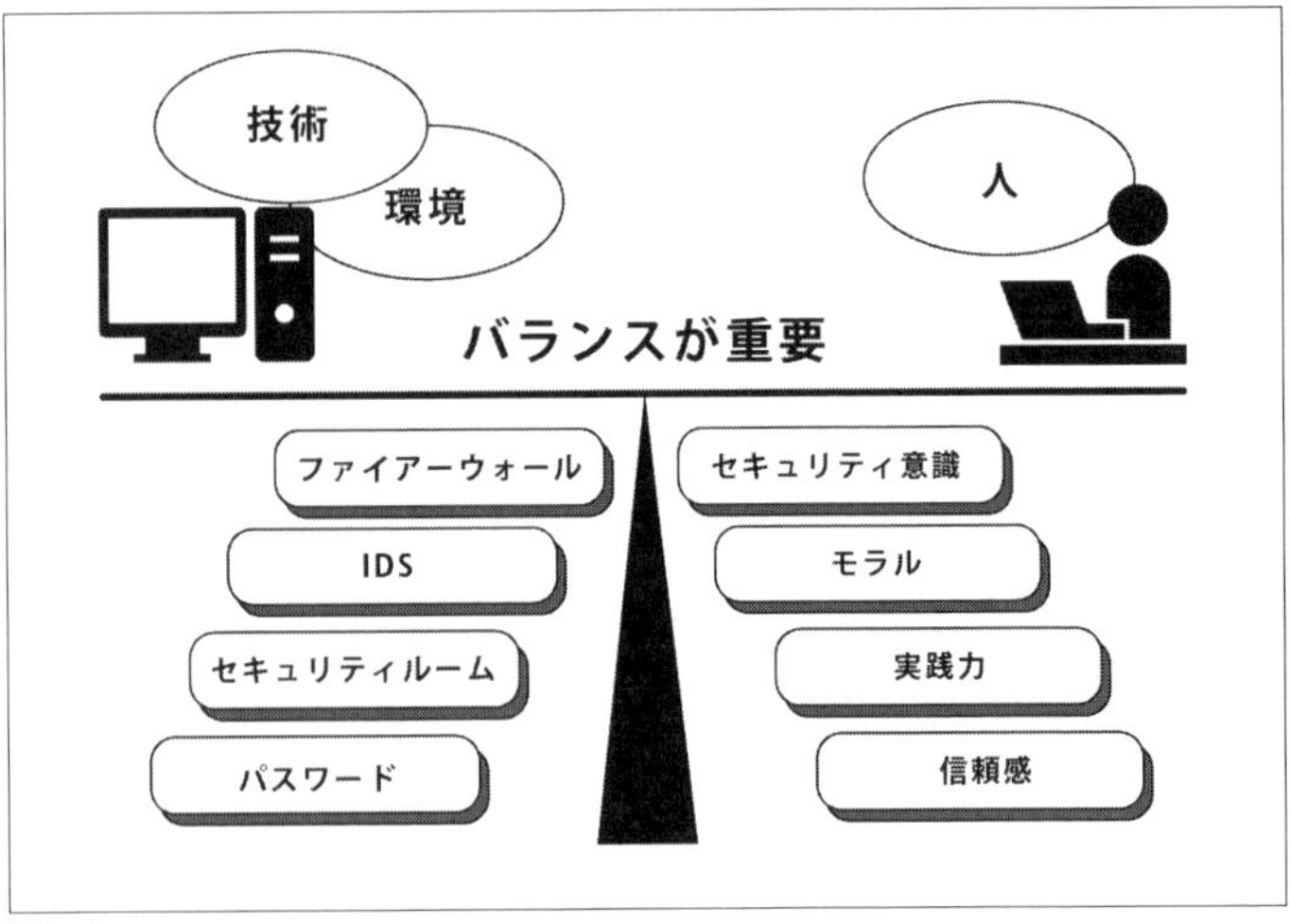

図5－6

リティはいわばトレードオフの関係性ともいえます。経営者が考え、責任を持たなければいけないのは、この両者のバランスです。

日本という国は昔から性善説に立ち、ルールを定めていくケースが多いです。これは日本で会社経営をしているとあらゆる場面で感じることです。

例えば、「従業員の自主性に任せる」とか「従業員を信用して」などという言葉を用いて、社内のルールにおいてもあいまいな部分を作りだしてしまう。この傾向は特に中小企業に多い。もちろん、従業員を信用すること、自主性に委ねることが悪いといっているわけではありません。それが実現できれば理想的な組織です。誰もが目指す姿だと思います。しかし、現実はそれほど甘くありません。特にデジタル化が進んだ時代に情報セキュリティ対策を講じないといけない世界では、このような旧態依然の意識のままでは会社経営を存続するのは難しいでしょう。

ならば、性悪説に立ち、全ての行動を監視し、デスクに座るだけで居心地の悪い職場をつくりだすか。それは逆の意味で組織が持ちません。冒頭でトレードオフの関係と述べたのは、このような理由です。このバランスをいかにとるかが、経営者の腕の見せどころなのではないでしょうか。

当社は以前から支援先のお客様に『性弱説』という概念をお伝えしてきました。人間は完璧ではなく、ときにはミスもしてしまう弱い存在である。この弱さを補完するルールを設けなくてはならない。この考えをしっかり浸透させれば、ルールに反発する声は小さくなるはずです。紙の書類をキャビネットに保管する際に施錠する。このルールはしごく普通でしょう。しかし、肝心のこの鍵を管理するのは誰なのか？　そもそも、このキャビネットを利用できるのは社内の誰なのか？　どこかにミスが起こるかもしれません。そのようなミスが起こらない合理的な仕組みを考えることが、従業員が安心して働くことができる環境づくりにつながるのではないでしょうか。

ＩＴ化やＤＸ化の流れの中で、従来は紙媒体を利用していた業務の一部がデジタル空間上に移行しました。社内にサーバーが設置されていた頃は、デジタルデータといえども社内にあるだけで、なんとなく安心感がありましたが、今やクラウドサービスが主流です。そうすると、そもそものデータはどこにあるのか、大丈夫なのか、と不安を覚える。

もちろん、クラウドサービスのセキュリティも厳重なのでよほどのことがない限り、何も起こらないかもしれない。しかし、デジタルデータ化したものは利活用がとにかく簡単。だから、従業員たちの何気ない行動で、思いもよらない事態に発展することがあります。

すでに紹介した契約書の電子化も便利なサービスです。印鑑要らずの電子サインで完了してしまう。完了した際に契約書が電子データとして扱える。電子データだから、これを社内の責任者に送付することもできる。まあ、たいていは社内のツールを使って送付するのかと思います。わざわざ印刷して書面にして手渡ししている人は少ないでしょう。

ただ、これもリスクがある。電子データになった瞬間に、外部に漏洩する確率が飛躍的に高まるわけです。１０００回中1回の確率かもしれないが、機密な契約情報がネットワークを介し、外部に漏洩するかもしれない。先ほどのようにメールの誤送信が起こるかもしれない。９９９回問題が起こらなくとも最後の1回で事故が起こることもありえるのです。

士業の世界では、こんなジレンマもあります。会計士や税理士の方々はクライアントと頻繁にコミュニケーションをとらなければなりません。ときには外部には漏らすことができない機密な内容をやり取りしなければなりません。そんな会計士や税理士の方も情報セキュリティに鈍感かといえばそうではない。業界でもそれぞれの社内でもルール設定や注意喚起も行われているでしょう。

しかし、クライアント側の担当はＬＩＮＥなどのツールでのコミュニケーションを要求しています。日々多忙なため、簡単に連絡が取れ、用件を伝えられるツールでやり取りしたいという要望が強いのです。「セキュリティ上、それは無理です」と紋切型に断れば、逆に仕事にならないのが実情です。社内だけでなく、このように顧客とのやり取りにおいてもデジタル技術が浸透した今、実務とセキュリティのバランスは非常に難しい問題となるのです。

情報の収集と活用のスピードは加速度的に上がっています。デジタル情報を取り扱うサービスの機能性も格段に向上し、誰もが簡単に収集・活用が行えます。だからこそ、ここに落とし穴があると肝に銘じておかなければなりません。

組織として、現代のデジタル対応を進めながら、情報セキュリティのバランスもとるというのは本当に難しい采配が要求されると思います。社内や顧客の理解も必要です。場合によっては自社ではなく、取引先で事故が起こるかもしれない。そう考えると、本当にバランスをとるのは難しいと思います。

最近、情報セキュリティの世界では、ゼロトラストという考えが主流になりつつあります。シンプルに説明すると、組織内外を問わず全てのアクセスを信頼できないものとして、認証されるまでアクセスを遮断する考え方です。その前提で、全ての情報資産へのアクセスに対し、例外を設けずに認証するように設計し、情報セキュリティリスクの最小化を図る、というものです。現代の経営者は、このような情報セキュリティ対するトレンドも知っておかないといけないのです。

第6章　ITやDXの落とし穴

失敗の根本の原因は常に同じ

今までも述べてきましたが、企業のＩＴ化やＤＸ化は、組織の置かれている立場、状況によって、目的が異なるのは当然です。今から10年先ぐらいの遠くに焦点を当てると、行き着く先はおおよそ皆同じ目的に近くなりますが、それぞれの会社により今実現したいことが違います。目的に対する手段も異なります。ただ、私は失敗する原因はどの企業も同じようなものだと考えています。

ＩＴやＤＸの話になるとそれを説明する人々は、おおよそ説明する側の論理で話をしてきます。お爺ちゃんやお婆ちゃんがスマホの操作がわからないので、携帯電話販売店の店員に教えてもらうくらいであれば、それはそれで大きな問題にはなりません。

しかし、企業の組織となるとなかなかそうはいきません。チームで仕事をしていると、メンバー一律には、なかなか思い通りにはならない。各部署が連携して、ＩＴを活用してスピーディで効率的な業務を…なんて思い描いても、なかなかそこに到達しない。成功事例やコンサルの話を聞いていると、すぐにできそうな気がするのに、自分の会社でいざスタートさせると溜息ばかりという経営者は多いでしょう。しかし、それが現実であり、それが当然だと思います。

ＩＴもＤＸもまず人間が関わるということを再認識すべきだと思います。その人間が集まり組織となります。古今東西、人間の失敗は本質的に同じパターンを繰り返します。それはＩＴ化やＤＸ化においても同様でしょう。

人間は性格にあった失敗をする、という有名な言い回しがあります。これは、個人だけの話ではなく、組織やチームも同じことです。それと、安定のために、現状維持思考やマンネリ化を生み出す動物でもあります。ＩＴやＤＸがどれだけ有効なツールや手法であったとしても、結局使い、活用するのは人間です。

では、人間が苦手なこと、なかなかできないことは、仕事の場面においてなんでしょうか？

まずは、誰でも知っている習慣化でしょう。継続する、正確にする、チェックを漏らさず実施する。世の中に、これらのことが習慣化できない人がどれだけ多いことか。

もちろん、仕事ができる人は、長年の継続的な努力でしっかりこなします。だから優秀といわれるのです。しかし、組織やチームとなるとそうはいきません。組織はできる人だけの集まりではないからです。

だからこそ、当社では、人や組織の性弱説を提唱してきました。その特性をよく理解したうえで、ＩＴを上手に使い、ＤＸの成功を目指すのが大切なのです。

また、ＩＴは基本的に機械の一種と考えると体調や気分には左右されませんが、人間は動物です。体調も感情も日々変化します。不安定さも人間の特徴なのです。

怠け者である人間が、きっちりする、継続するなどは本来、苦手なのです。そういう性質にあらがって、スキルアップする、チームワークを実現する、ＰＤＣＡをちゃんと回す、改善を続けることができるのも人間です。

ＩＴの特性を上手に活かして、人間がしなくてもよいこと、不向きなことを代わりにしてもらう。しかし一方で、人間が成長や向上のために取り組みたいことは、ＩＴ任せにしない。こんなさじ加減が重要になります。

見えないことによるリスクとは？

利便性に隠れたリスクは先ほど述べたクラウドサービスも好例です。しかし、ＩＴやＤＸにまつわるところは、こういった「見えない」ことによるリスクが巧妙にはりめぐらされています。

例えば、社内に顧客名簿が紙の資料で保管されている。この資料が盗難に遭わないようにするにはどうしたらよいのか。まず、事務所の施錠管理を厳重にするのと、保管するキャビネットも施錠管理をして持ち出せる人間を限定することが考えられます。昔の企業のセキュリティ管理はある意味、物理的なモノをいかに守るかという視点ですからわかりやすいです。

しかし、現代の社内環境を考えてみると昔のようにはいきません。すでに述べたようにパソコンとネットワークで仕事をしている以上、どこで情報が漏洩するかわからない。パソコンを破壊し、ハードディスクを奪うということはなく、ＵＳＢメモリなどで情報を抜き出し、外部に持ち出すなど手口が複雑化しています。

またそれ以上に対応が難しいのは、見えないリスクが数多く存在することです。今や、スマホでカメラ撮影や録音も手軽に行えます。機能もスマホの新製品が登場するたびに向上しています。昔のようにカメラを持ち込んでいたら傍目ですぐにわかります。

しかし、今はスマホで兼任できるので誰もが携帯しているものです。機密情報を撮影することも考えようには簡単にできます。録音も然りです。気づいたら重要な社内の会議が録音されているということもあるわけです。もちろん、疑い始めたらキリはありません。しかし、現代のＩＴ環境は、犯罪の温床になりやすいということです。

企業として、社内のそのようなリスクを未然に防ごうとする準備は進めるべきでしょう。それと同時に、ＩＴやＤＸの進展が世の中に別のリスクを拡大させていることも知るべきだと思います。

例えば、サイバーテロという言葉は聞いたことがあると思います。国の重要な社会インフラ事業者のシステムに攻撃を仕掛け、社会を混乱に陥れることを目的としたものです。このとき、実行犯はインターネットを介して脆弱なコンピューターやサーバーを踏み台に、そこから攻撃を仕掛けるのです。そうなると、表面上は知らない間に踏み台とされたコンピューターからの攻撃と映ります。調べてみたら「あなたたちのコンピューターが踏み台にされていました…」という事態を招くかもしれません。

大袈裟な話のように聞こえるかもしれませんが、コンピューターがネットワークでつながっている限り、起こり得る話なのです。そんな大きな話でなくとも、身近な例であっても詐欺や漏洩などいたるところに罠を仕掛けることができるのがＩＴやＤＸともいえます。

経営者はＩＴやＤＸに対し、「見えないから仕方ない」では済みません。このような見えないリスクは技術の進化と共に、さらに巧妙となります。いたちごっこのような感覚に陥るかもしれませんが、だからこそ見えるリスクと見えないリスクを把握し、会社全体でリスクに対する感度を高めておかなければならないのです。

部分最適と全体最適のトレードオフ

創業時から当社が常に訴えていたことなのですが、中途半端なＩＴ活用が最大の非効率を生み出すということです。もともとＩＴ活用のスタートはコンピューターと縁遠かった企業が事務作業や開発部門などで、一気にパソコンを導入するところからスタートしていました。

理想をいえば、会社全体の業務をＩＴで効率化したい。全ての課題が解決されるわけではないが、非効率な部分は解消されるだろうということを期待して導入に踏み切っていたと思います。その中で効率化を目指して導入したパソコンを各部署が使い始めると、どうも思い描いていたＩＴ化と違う様相を見せはじめるのです。

どうなるのかというと、それぞれの部署でそれぞれの業務にあわせた形でＩＴ化が始まってしまう。Ａという部署内の皆で共有するテンプレートをエクセルやワードで作りだす。Ｂという部署でも同様に自分たちの部署で使用するテンプレートをどんどん作りだす。気づくとＡもＢも同じ作業に時間を割いている。そんなテンプレートは会社共通で一つのところで作りだせばよいのですが、それぞれにパソコンを導入するとこんな無駄ばかりの現象があちらこちらで起こり始めるのです。

これは部分最適と全体最適の問題です。

ただ単に、ＩＴを導入しただけでは組織のあちこちで部分最適に走りだします。ＩＴ活用は、全体が最適化されて初めて本当の効率化が実現できます。

個人で最適化されるのは、パソコンを使用している分の作業スピードくらいです。会社全体からすれば、いくら個々の作業スピードが高まっても、それぞれが知らずに無駄な作業に没頭していることを放置しておくわけにはいきません。「そんなことは起こらないでしょう」といわれるかもしれませんが、皆さんの社内をよく見渡してみてください。実は、無駄な作業と知らずに自分の仕事に没頭しているケースはよく見られます。

大企業でよく話題に上るセクショナリズムですが、エクセレントな企業ですら、部分最適には陥ります。結局、人間の集団である限り、多かれ少なかれ部分最適と全体最適のギャップとジレンマに苦しむものが組織というものです。

現実は、どこかを効率化しようとすると、どこかに不都合が生まれてくる。不都合の原因を探ると、なるほど皆で無駄な作業をしていましたね、ということがわかる。この繰り返しに疲弊してＩＴ化を諦めてしまった会社もあります。中途半端なＩＴ化ほどタチの悪いものはありません。

一部だけ開通していない高速道路のようなものでしょう。企業の規模にもよりますが、会社のＩＴ化は必要と思われる部署から、部分的に始まる場合が多いです。

最初から更地の状態で「全社の仕事の仕組みが変わります」というような進め方は難しい。逆にそれができれば経営者としても理想的ですが、現実はそうならない。部分から始めると必ず部分最適化した現象が起きます。それをいかに、全体最適に仕組みを軌道修正できるか。ここが重要になります。

以前、某ビジネス誌にコラムを掲載していたことがあります。その中で、この個人最適と全体最適の問題を取り上げたことがあります。仕事の現場でよく使われるエクセルを例に出し、同じ会社で皆が懸命に似たようなフォーマットを作っている事例です。読者から

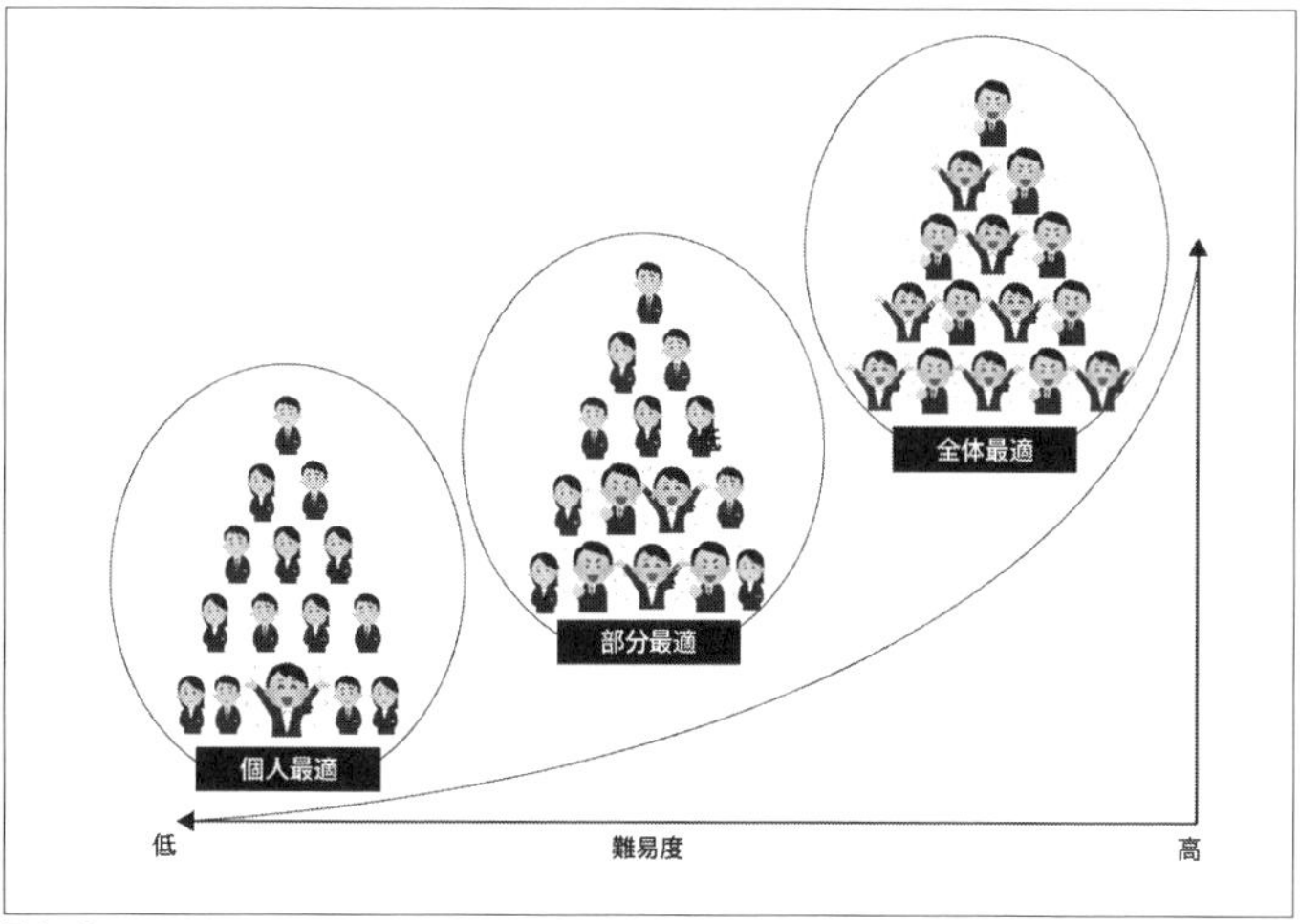

図６−１

の反響が大きく、どこの職場でも同じような経験をしているのかと改めて実感したものです。

実は、今も大差ないのです。人間のすることはそんなに簡単に変わらないのです。繰り返しますが、各個人の作業スピードはＩＴ化で格段に上がります。しかし、このような個人最適を野放しにしていると、コストとして考えると恐ろしい無駄が生じているわけです。

せっかくＩＴ化をしたにも関わらず、それぞれが似たファイルを作成し、それぞれが違う場所に保管している。これをそれぞれが更新でき、保管する場所も一つに限定すると無駄がない。それ以上にそのような仕事のスタイルが身につくと、従業員も自分の作業に疑問を持つようになる。

「このフォーマット、すでに誰かが作成しているのでは？」と。

実は、その思考に至ることが重要です。ＩＴ化のキモは、社内全体が業務を効率化しようと意識を高めることです。「この作業は無駄なのでは？」というコスト意識を持ち始めるわけですから、これこそＩＴ化の効用です。

最後に中小企業の特徴を付け加えると、部分最適どころか個人最適に陥りやすいということも、しっかりと経営者は自覚したいところです。

そのＩＴ投資は適切なのか？

ＩＴ化やＤＸ化は当たり前ですが投資です。投資であるからには適切な回収が得られるか、適切な効果が得られるかが重要です。

ただ、この「適切」の判断が難しい。ＩＴ化やＤＸ化の投資はパソコンの購入やソフトウェアの開発や導入、社員教育に充てられるわけですが、この時点で「適切」を見据えた正しい判断ができるのでしょうか。前項で述べたように、各方面で耳当たりのよい成功シナリオが発信されています。それを鵜呑みにして投資へ向かうと「こんなはずじゃ…」というかつてのＩＴブームの際によく耳にした経営者のつぶやきが繰り返されることになるのではと危惧しています。

通信回線一つをとってみても、さまざまな種類があり、自社の環境にあったものを選択する際は頭を悩ませます。世にあるツールの中で自社に最適なものを見つけ出すことが何より難しい。だから専門家の登場になるわけですが、彼らも全てをキャッチアップできているわけではありません。そして、やはり自社の商品やサービスを売りたい立場であるわけですから、それが最適であるという確証はなく、「最適であろう」という願望になるわけです。

クラウドサービスも同様です。数あるサービスから最適であろうものを選択して利用していますが、新しい類似サービスは毎日のように登場します。そして、日々機能も進化していく。新しいサービスを検証するという目的で調査すると、どうやらそちらの方がウチの環境にマッチしていそうだ、という結論になる。試しに、一部の部署でサービスを契約して使用してみよう、すでに契約しているサービスもまだ継続したまま…という重複契約が始まっていきます。

検証作業を進めていくと、新しいサービスへ移行しましょうという結論に落ち着きますが、以前のサービスを使用している部署は、いきなり業務フローが変わるので難色を示し始める。その結果、移行期間を設けて移行することになるのですが、すでに投資として適切ではない無駄が生じていることは理解いただけるかと思います。ここからさらに状況が悪化すると、このようなサービスの重複契約が複数になり、気づくと移行も検証もおざなりになり、使用していないサービスを契約して料金だけが発生する状態を生み出すことになります。

日々進化する技術やサービスを正しく目利きして、ＩＴやＤＸの環境を整備していかなくてはならない。それにはさらなる投資が必要です。毎年確保している予算はいつしか消化することを目的とした予算へと変わり、延々と正しい解を求める作業が繰り返されます。最適な投資の判断が難しいのは、この選択肢の多さと技術の進化への対応を予測できないからでしょう。

ＥＵＣ（End User Computing）という考え方が、30年以上前からあります。ＩＴ専門家でない一般社員が、それぞれの現場で、機能アップして使いやすく進化していくツールを使って、ＩＴ活用をより簡単に実現しようということです。このＥＵＣの成功のためには、まずは業務のスリム化が必要です。つまり、ムリ、ムダ、ムラの排除と改善です。ダイエットしてから、好みの洋服を着るのと同じようなものです。

ＥＵＣの最近の新しい取り組みとして、ＲＰＡが登場しました。長年の現場の「あったらいいのにな」を実現したサービスの一つです。

多くのＩＴサービス会社が、この仕組みをソリューションとして提供しようと営業に奔走しました。人間のパソコン操作を記憶させ、ソフトウェアで自動化を実現させたものです。単純な事務作業の現場などでは救世主のような扱いで、導入事例も多くのメディアで取り上げられていました。このＲＰＡを導入すれば、劇的な業務効率化が実現できるはず。それはそうでしょう。今まで人間が行っていたパソコン業務を自動化してくれるのですから、経営者からしたらありがたい話です。

しかし、ＲＰＡが得意とするのはルールが不変の業務です。ルールがまったく変わることない単純作業であれば、ＲＰＡは絶大な効果をもたらしてくれると思います。しかし、例外的な処理には弱くその都度、確認・チェックを人間が行わないと業務になりません。さらに、ルールが定期的に変わる業務においては、設定の修正作業が必要となり、その手間とコストも必要になるわけです。

そもそも、ＲＰＡをＤＸ推進の一環というかは、すでに述べたように、それぞれの定義によりけりです。ＩＴ化とＤＸ化の一部は本質的には同じなのですから。

ここで紹介した事例は少し極端かもしれません。しかし、ＩＴやＤＸの適切な投資はなかなか難しいのです。適切という判断が経営者にとって悩ましい。

ＩＴ化やＤＸ化の推進で社内の課題が見事にクリアされ、バラ色の世界の実現を誰もが思い描きます。しかし、現実はすでに述べたように、個別最適や部分最適化が組織で進み、部署間でデータの連携がまったく取れないというような、効率化とはほど遠い現場ができあがることもあります。

ＩＴを導入した後の効果もそうですが、継続して活用していく中で発生しうるコストをいかにコントロールできるかも重要です。ただし、繰り返しますが、こればかりは導入当初に的確に把握するのは難しい。だからこそ、耳当たりのよい言葉に踊らされず、将来の経営環境を客観視し、

「適切な投資」について考えるべきでしょう。

まだあるデジタル化の落とし穴

デジタル化の落とし穴は、いくらでも出てきますが、すでに本書で述べたことも含めて、ここでは４つを取り上げたいと思います。

一つ目は、慣れほど怖いものはないです。

日本はますます便利になっていきます。自動化も進みます。ただ、いつこの便利な社会が機能しなくなるかわかりません。

実際、私は、阪神淡路大震災の時に体験しました。ライフラインは全面的にストップし電気がこない。当然、全自動洗濯機が使えない。そうなると、場合によっては川原で手洗いの洗濯となります。世代にもよるが、手洗いで洗濯できない人が増えています。電気炊飯器も同じこと。水の量がわからない、火加減がわからない。自動機能が向上すればするほど、人間はボタンを押すだけしかできない状態になっていきます。

これと同じことがＩＴの世界でも発生します。

今の人は、生活や仕事のなにもかもが、集約されているスマホが故障したら大変困ります。私もそうです。

ＩＴは一見、仕事力がアップすると思われているが、私は必ずしもそうは思っていません。ＩＴの黎明期にはっきりしていたことは、実際に、仕事ができる人は、ＩＴを使わない時代でも仕事ができていた人です。便利な社会が進んでいき、仕事にもＩＴを当たり前に使う時代だからこそ、川原で洗濯ができるスキルを日々意識して、トレーニングすることが必要なのです。

二つ目は、社内にいる優秀に見える専門家です。社内でＩＴ化やＤＸ化を推進する部署や部門が設置され、そこに配置される社員が社内専門家になります。ＩＴ推進者かＤＸ推進者という役割です。指名される人は、前職がＩＴ業界という方も多い。システムエンジニア出身やＩＴのプロフェッショナルが名を連ねている会社もあります。ただ、所属する企業の最適なＩＴ活用を俯瞰的に見ることができるかといえば、やはりそうじゃない。ＩＴ化やＤＸ化のキモは前述したように適切な投資の見極めともいえます。いわゆる経営としてＩＴ化やＤＸ化をどう扱っていくかという視点です。

技術専門職の彼らが門外漢である場合が多い。最近技術については詳しい。導入に対する知識も豊富。しかし、ＩＴを組織でいかに活用して、適切な投資として運用していくかという視点はまた別です。彼らの意見のまま導入を進めると、これも先に述べましたが、部分最適化の中途半端なＩＴ活用が社内に散見されるようになるケースも少なくないです。大切なのは技術の視点と経営の視点を切り分けて取り組むことではないでしょうか。

三つ目は、成功事例の落とし穴です。ＩＴビジネス誌などにはＩＴ化の成功事例が数多く掲載されています。大企業から地方の老舗、自治体なども。経営者や担当者がインタビューで意気揚々と答えている記事を見ると、「ウチも！」と思う気持ちはわかります。しかし、成功事例というのはあまり参考にならない。企業は置かれた環境がそれぞれ異なります。業種・業態は当然のこと、規模もそうです。まったく同じ環境なんて一つもありません。

そんな企業の成功事例を鵜呑みにして、自社のＩＴ化やＤＸ化を進めていくと、理想と現実のギャップを痛感します。「ウチはなぜ、うまくいかないのか？」と。それは当たり前です。今のように変化が激しい時代においては、先ほども述べたように環境が異なるわけですから、成功事例に再現性はほとんどありません。確かに使用している技術やプロジェクトの進め方などは参考になるかもしれません。しかし、過度な期待は禁物です。

むしろ、参考になるのは失敗事例ではないでしょうか。結局、自社にあった取り組みを模索して、最適解を見つけ出さないといけないわけです。

最後に、犯罪者になってしまう落とし穴です。

ＩＴの特性として、これまで述べてきた通り、形がはっきりしておらず、目に見えないものですが、そうした側面がモラルの欠如を助長しやすいことがあげられます。例えば、デジタル空間上だけで完結できるようなインターネット上の詐欺行為やクラッキング行為についても、ＳＮＳ等で甘い誘い言葉に乗って安易に加担してしまったり、ダークウェブと呼ばれる闇取引空間でテクニックやツールを習得してＥＣサイトや決済サイトからモノやカネを詐取したりするようなサイバー犯罪に手を染めてしまう、といったことに身の回りの誰かが当事者になっている可能性もあります。出来心が助長されやすいのです。

また、直接的に人を死傷させるわけでないために、人の心を傷つけたり、殴り合いに発展しかねないような誹謗中傷的な行為を、匿名や偽名で顔出しせず、相手の対面にも立たずにできてしまったりします。

ただし、近年は誹謗中傷に対して情報開示請求が可能になり、よりひどいものは訴訟の対象になる等、少しずつ行き過ぎた行為を制限する方向に向かっています。

こうした負の側面については、社会全体が学びながら徐々に健全な方向に向かっていくと考えられますが、人が存在する限り、新しい技術や新しい手口は生まれ続けます。いたちごっこのようですが、それらに対して私たちが健全なあり方を模索し、軌道修正する営みを続けていく必要があります。それゆえに、ＩＴと向き合うときには健全さを基準に持つことは重要になるのです。

第7章　ＩＴやＤＸに健全に取り組む考え方

自社のITやDXを定義することから始める

本書で書いてきましたが、今の世の中、ＩＴやＤＸの言葉の使い方が多様で複雑です。そんな中、組織のトップは会社の経営の舵取りや、自身の的確な経営判断のための羅針盤が必要です。社員やパートナーに対して、共通の言葉や考え方で、企業の目標を共有し、組織一丸となって活動することが必須の時代です。そして、他のステークホルダーにも、宣言ができればベストです。

これはＩＴやＤＸについても同じです。

ホテルなどでよくあるサービス指針などを書いたクレドのようなものです。

そのために、まずは、組織の活動理念や事業目的に沿った自社のＤＸ宣言が必要です。迷った時のよりどころになるし、判断基準になります。

組織の外部と接した時も自社と世の中や社会との違いが明確にしやすいです。

また同時に、情報セキュリティ対策の経営レベルの指針として、セキュリティポリシーも織り込むとさらにバランスが良くなります。

ここで、当社のＩＴやＤＸについての定義を書いておきます。参考になれば幸いです。

考え方

・ＩＴはツールである
・人間らしさを発揮するための補完にＩＴやＤＸがある
・ＩＴやＤＸは健全な経営、健全なビジネスをするために活用する
・不健全な企業や顧客とは付き合わない
・つながりを重視した経営を実施する
・情報弱者や生活弱者をサポートするようなＤＸを生み出す
・デジタル化の前に、何よりも先に記録する習慣化
・健全な地球、健全な社会であり、健全な会社であること

これらは、書籍やブログ、あるいは経営者向けセミナーなどで折に触れて、当社が発信してきた考えです。

ちなみに、ＤＸは専門家がさまざま解説しています。中でも、デジタライゼーション、デジタリゼーション、トランスフォーメーションの３ステップの解説が目立ちます。ただ、正直わかりにくい。実際、顧客に質問されることも多い言葉です。何度質問されても説明に骨が折れます。わざわざ似たような英語を使うからややこしいのです。

当社なりの主に中小企業の経営者向けに言い換えた図7―1を参考に示したいと思います。

見えないことを理解して対峙する

私たちが生活する環境には、「見えるもの」と「見えないもの」が混在しています。ITは見えないものの典型です。

例えば、宇宙が見えるか見えないかで考えてみましょう。空を見て星を見て、太陽が昇るのを見て月を眺めて。このあたりは、見える宇宙です。ところが、私たちが子供のころから習ってきた宇宙というのは、どんどん解明されたり研究されたりしていきながらも、結局、私たち一般人には、見えないものです。ある特定の専門家にとっては、見えている部分も沢山あるでしょうけど、一般人にはちんぷんかんぷんという

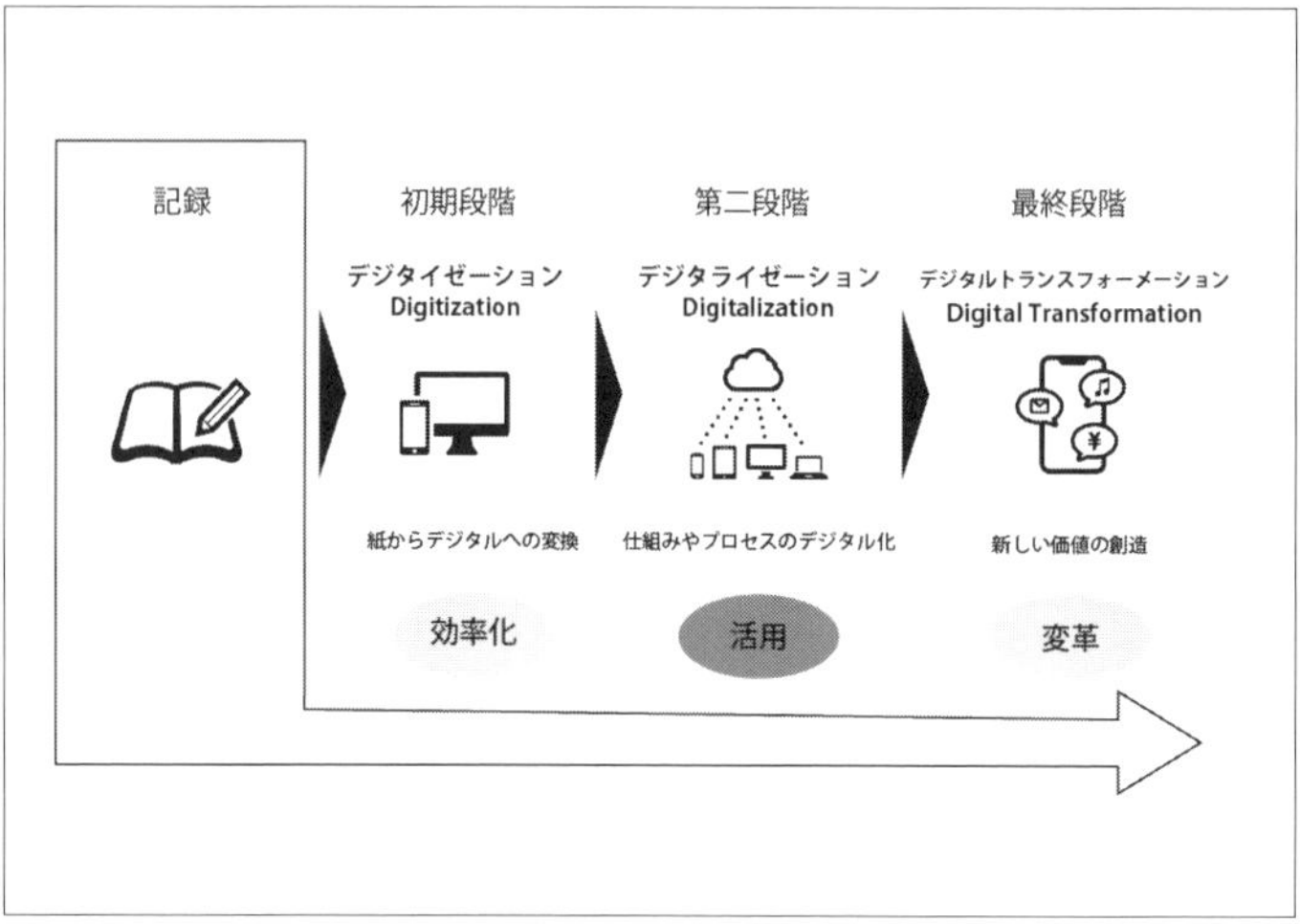

図7―1

世界です。

ＩＴにも似たような感覚があるのではないでしょうか？

デジタルデータは、突き詰めるとコンピューターの世界では、オンとオフ、つまり、1から0の状態しかありません。これは電気信号の世界です。だからこそ、一般の世界では、見えないのです。

私たちの生活においても、仕事においても「見えるもの」と「見えないもの」の2つに大別することができると思います。例えば、モノをトラックで運ぶという行為は当然見えています。建築の世界でも建物は見えています。さすがに、コンクリートの中までは見えないですが。一方、ＩＴやＤＸの世界はどうでしょうか？　パソコンなどの機器類は物理的に見えているかもしれませんが、その中がどうなっているのかわかりませんよね。

このような感覚はスマホの登場で顕著になったと思います。スマホがあると便利です。キャッシュレス決済も、ネット通販も、ＳＮＳでのコミュニケーションも全てスマホで完結できるようになりました。ただ、どういう仕組みで決済ができて、買い物ができて、テレビ電話や通話ができているかは一般の人たちにはわからない。でも便利なことには違いないわけです。固定電話からガラケーの携帯電話が登場し、そこからスマホへと日本人の電話のスタイルが変化していった。固定電話やガラケーの携帯電話までは、『電話』の機能が大半を占めていたわけです。しかし、スマホが登場すると『電話』の機能はおまけ程度の扱いに追いやられる。生活者もスマホへ移行してから、より便利さを追い求める。企業と生活者の便利合戦はスマホの登場後によりヒートアップしている印象を受けます。

さまざまな情報がデジタルデータに変換され、瞬時に処理が完結する世界が広がっています。ただ、ＩＴやＤＸの世界の広がりが一般の人たちには目に見えない。ここは気をつけておきたいポイントだと思います。

道路ができて、橋ができる。そして、道路沿いに店が建ちはじめる。すると店に商品を届けるトラックの往来が始まる。やがて、人が集まり、繁盛する店も出てくる。近くに駅ができ、電車が通るようになると、住宅街ができ、学校ができる。

このように、今までは便利になることは物質的に目に見えてわかるものがほとんどでした。しかもゆっくりと。便利さの裏側で何がこう動いているから、という理由づけも比較的明確でした。決済もそうです。現金以外の決済方法として、昔からクレジットカードがあります。審査を経て、カードを保有し、決済時にカードリーダーにより認証が行われ、後払い決済が確定します。現金なしでもカード１枚で支払いが完了するのは、当時として革命的でしょう。しかし、今考えるとカードという物理的な存在すらも邪魔に感じるほど、デジタル化が進んでいます。

ＩＴやＤＸの本質の一つは、デジタル化された情報の流通と活用です。ただ、その裏側の仕組みはほとんどわからない、見えない。もちろん、それなりの専門家にはデジタルデータの動きを理解できるでしょう。データサイエンティストと呼ばれる人たちはこのデータの動きを解析して、新しいサービスなどの開発に役立てています。

一方、社会で便利さを享受する生活者や職場で仕事をする人たちにとって、このデジタルデータが裏側でどのように使われているのかなどはまったくわからない。数多くのネットサービスが誕生しているが、わかることは表面上、どれだけ便利になるかということ。だからＩＴベンチャー企業が新しく「こんな新しいサービスを開始します」と発表しても、その凄さはあまりわからない。どうもフワフワした感覚に近いし、納得することもできるし、できないこともある。つかみどころのない要因は見えないからです。

パソコンやスマホを壊して中身を見たら「あ〜こうなっていたんだ」というものでもないですから、やはりどこまで行ってもデジタルデータは目に触れることはない。でも普及したネットサービスの裏側でせっせと何かが動いているはず。専門家はそれを意気揚々に「今までにない技術」「利便性が格段に向上」と凄いことのような説明をします。まず、ＩＴやＤＸとの向き合い方は、見えないことを前提に考えることが大切ではないかと思うのです。

クラウドサービスの実態を知る

20年以上前はＡＳＰ、その後はＳａａＳ、そして今はクラウドサービス。まるで出世魚のように名称が変わっています。もちろん、それぞれ細かい点でサービスや機能が異なっている部分はあるでしょう。しかし、本質的な部分は変わりありません。

私が、社会人になりたての頃、勤めていた会社には、電算室にホストコンピューターがあり、全国の支店が専用回線でつながっていて、それぞれの拠点の端末から、コンピューターを使っていました。ここにパソコンが登場しました。

元々、パソコンはスタンドアローン（単独で機能するという意味）の概念で開発されたものです。それがほどなく、サーバーという親コンピューターとつながるようになって、クラサバ（クライアントサーバー型の略）という環境ができました。

そして、インターネットの登場です。次にイントラネットと呼ばれる仕組みも登場しました。基本的には社内で使うのみでした。そこから、社内の外とつながるクラウドサービスと変遷してきました。

ここまでは社内にある物理的なパソコンやサーバーにソフトウェアという機能を載せていたわけです。だから、利用する人や場所、時間の制限を設けるしかない。職場や限られた人の端末でしか利用ができなかった。情報セキュリティを考えても、それが最適解に近かったし、今でもその形態を守って維持している企業も多いでしょう。

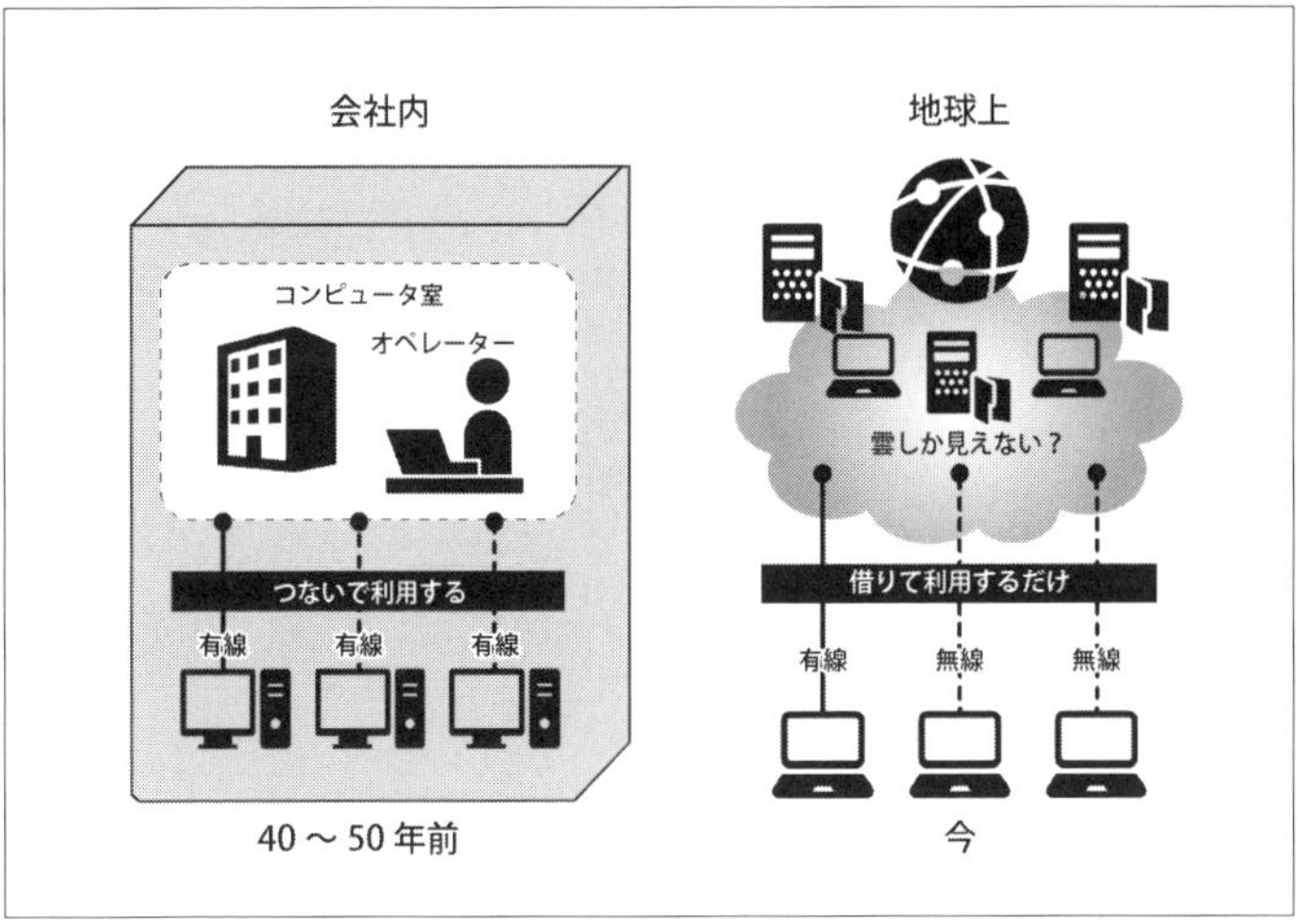

図7－2

そこに登場したのがＡＳＰやＳａａＳ、そしてクラウドサービスです。要はソフトウェアやアプリケーションを自社の端末やサーバーにインストールせず、ネットワーク上のサービス提供者側のサーバーやシステムにアクセスして利用するものです。一番のメリットはソフトウェアを購入せずに、サービスとして利用できる点です。一般的には、リーズナブルなコスト負担で使用できますし、解約もできます。

また、場所を問わずに業務が遂行できることも利点の一つでしょう。

これまでは基本的には、職場の端末に行かないと、ソフトウェアを使えないというのが当たり前でした。しかし、クラウドサービスで提供するサービスを利用すれば、場所を問わずに利用できる。外回りの営業も外出先からアプリケーションで商談内容を入力して、社内に共有できる。経理事務を在宅勤務で実施させようとした場合、自宅からソフトウェアにアクセスし、事務処理を行うことも可能です。

もう一つ付け加えるとＢＣＰ（事業継続計画）の観点からも貢献が大です。社内にシステムを構築し、サーバーなどを設置している場合、事務所移転の際にそのサーバーを設置できるか否か、必要な環境が揃っているかなどで制約がつく場合があります。クラウドサービスであれば、基本的に企業はそのまま体一つで移転しても、今までどおり同じ環境で仕事を再開させることができます。これは、災害があったときも大きな意味があります。

こう考えるとクラウドサービスは良いことばかりに思えます。しかし、考えておかなければならない点があります。それは情報セキュリティの部分です。例えば、社内で事故は起こさなくとも、サービス提供者側が事故を起こせば、その被害の火の粉はサービス利用者側に降りそそぎます。今では自社でサーバーを所有するより、クラウドサービス提供者側のセキュリティが強固であるため、安心できる点は多いでしょう。

しかし、何らかの原因でサービスが停止するという事態もあります。その場合、自社のシステムであれば復旧を自分たちである程度コントロール可能ですが、クラウドサービスだとそうはいかない。提供者側の復旧をひたすら待つしかないわけです。それをリスクに感じる経営者も未だ多いといいます。

肝心なことは、自社でシステムを構築しようともクラウドサービスにしても、根本の仕組みは大きく変わりはないということです。事故が起こるかもしれないが、自社にあるものは物理的に自分たちの目で確かめられる。クラウドサービスの場合、それが難しい。利便性とリスクはトレードオフの関係のように思えます。１００％大丈夫というようなことはない。これはＩＴやＤＸへ取り組む際に常に頭に置いておくようにしたいです。

これは、ＢＣＰとしても、とても重要な観点です。

ツールとしてシンプルに考える

すでに説明しましたが、ＩＴやＤＸをさも魔法の杖のように考える傾向は強いです。だから、「経営を転換」とか「新しい収益基盤の創造」なんて言葉が踊るわけです。しかし、ＩＴもＤＸも人間が生み出したものです。そう、極端にいえば、ツール（道具）の一種に過ぎないわけです。石器時代に石を研いで斧を作るのも、手押し車が馬車に変わり、蒸気機関車になるのも、渡河が難しい川に板橋をかけ、やがてトンネルを作りだすのも全て人間が生み出したものです。つまり、人間の行動と能力の拡張によって作りだしたわけです。

そして、このツールは日進月歩を繰り返し、いずれ形を変えていくモノばかりです。

今までペンで紙に書き記していたものが、コンピューターが生まれてキーボードが誕生する。ペンからキーボードへ移行し、今はスマホのようにキーボードも画面で入力できるようになりました。こう考えると、現在だけを切り取ってその技術を云々議論しても仕方ない。長い期間を経て、技術の進化と共に人間のツールも変化することは歴史が教えてくれています。

これからもこのツールの進化は続くでしょう。これは私個人の予測ですが、スマホもやがてなくなっていくのではないでしょうか？　少なくとも、早晩、音声によって手入力はなくなると思います。

こんなことをいうと驚くかもしれませんが、その根拠もあります。私が仕事を始めてから約40年、技術進化の過程のなかにあるツールで形を変えず使われ続けたものなど見たことがないからです。自動車や飛行機はもちろん、形自体は変わっていません。それは形状としてある程度最終形を迎えているからではないでしょうか。

しかし、コンピューターの世界を見ればわかりますが、まだまだ形状も技術も変化し続けています。たまたま、この10年においてはスマホという形状が一般化しましたが、これもやがてまた形を変えて、違う名称で呼ばれる日がくるかもしれません。このように進化の歴史を振り返ると、そう考えるのが自然だと思うのです。経営者として考えておかなければならないのは、これらツールを神のように崇め、魔法の杖だと夢にも思わない方がよい、ということです。なぜならば、これらツールはまた姿を変えるからです。道具は使ってなんぼで、また新しくなります。シンプルにそう考えた方が投資という観点からしても正確な判断ができるのではないでしょうか。

もう一つ、ＩＴをツールとして考えるときに大切なことがあります。

料理で例えたらわかりやすいですが、どれだけ優れた包丁だとしても、それを使いこなす料理人の腕が悪ければ、ツールとしての価値は半減するということです。だからこそ、使い方に関しての継続的な教育と訓練が必要なのです。

実は、ＩＴ活用の本質はここにあります。

一般的に組織に属している社員全員が、経営者の期待通りに仕事ができるわけではありません。ＩＴもＡＩも、もともと仕事ができる人が使えば、効果は絶大でしょう。しかし、そうでない人にとっては、無用の長物、無駄な投資になってしまうリスクを常にはらんでいることも知っておくほうが賢明です。

オーダーメイドにこだわる意味と理由

自社でソフウトウェアを作ることに焦点を当て考えてみます。

あるものを使う。なければ待つ。それでもなければ作る。

というＩＴツールを選択する際の、当社の考えは、すでに書きました。

情報システム（ソフトウェア）のオーダーメイド化というのは経営者の方ならば、それにこだわる意味と理由はなんとなく理解いただけると思います。30年、40年ほど前、情報システムが企業に導入され始めた頃から、各社ともまずこだわったのは、自社の業務にマッチしたソフトウェアを構築することです。

どの企業にも個別の業務があり、相応のやり方が存在します。同じ伝票処理でも部署によっては顧客の特性に合わせて異なる処理を行っていることもあります。お客様の要望に応えるため複数の受発注方式を採用している企業もあります。それぞれの現場では、現場しかわからない事情を抱えており、その事業を皆が共同作業の中でできる限り効率化して業務を進めているのです。

この独自仕様の聖域ともいえる現場の業務に突然、新しい手法を採用するといわれたとしたら、現場としてはどう反応するでしょうか。まず、その新しい手法で、業務を今まで通りそのまま遂行することはできるのか。そもそもその手法を学ぶ期間が必要になる。新しい手法を進める中でミスや混乱が起きたときに誰が責任をとるのか。こんな質問を経営者が現場から突きつけられると…やはり、オーダーメイドを選択するのも無理はありません。現在の風潮は、こんなオーダーメイドでしか対応できない現場業務が悪しきことのように扱われることもあります。

かつてＩＴ化を進めてきた企業が頭を悩ましたものは業務の標準化です。業務システムを導入する際にどうしても必要になるのが、この標準化といえます。ＥＲＰ（Enterprise Resources Planning）やＳＦＡなどのシステムを導入しようとすると、どうしても独自の業務手法に対応できなくなる。パッケージソフトウェアを導入する場合、業務自体をソフトウェアに合わせて変えていかなくてはなりません。

ただ、ここで善悪論のような進め方でソフトウェア導入を決めざるを得なくなるのは、企業にとっても、そこで働く人々にとっても不幸の連鎖になりがちです。

私も昔からお客様に伝えているのは「こだわらなくてよい部分はこだわらなくてよいが、どうしても自分たちの独自のやり方にこだわるべきと思うならば、その方向で考えるべきだ」ということです。このやり方が自分たちの会社の価値の源泉であると信じられるならば、それをＩＴ化やＤＸ化のために捨てるのはおかしな話です。また、今は、クラウドサービスでも部分的なカスタマイズという方法もあります。

前項でも述べたように、ＩＴはツールです。ツールは進化を遂げ、今も変化を繰り返しています。現時点では自社のやり方にマッチしないかもしれないが、５年後、10年後はどうなるかわからない。自分たちのやり方に対応したツールが生まれるかもしれない。

経営者はもっと柔軟に考えてよいと思います。ただし、こだわる部分との見極めは必要です。パッケージシステムの導入はコストの部分で効果を期待してのものです。その棲み分けを経営者自身が判断できるようになることが大切なことだと考えています。


最近は、ユーザー企業が自社で育てたソフトウェアを他社に提供する事例も増えつつあります。当社が一番推奨してきたソフトウェアサービスのスタイルです。共創の時代、ユーザー企業で洗練されたＩＴサービスはもっと広がるでしょう。

少し話は変わりますが、こういう日本の経営や現場の強みが凝縮されたユーザー企業のソフトウェアは、日本の同業種もそうですが、それ以上に、新興国は喉から手が出るぐらいほしがっているのが事実です。なぜなら、日本のそういう強みをマスターしたい新興国の企業は山のようにあるからです。

業界というのは内側からの変革は難しい。ＩＴ業界も同じです。最先端の印象があるが、経営的な組織運営や仕組みは旧態依然としたままです。だからこそ、こういうユーザー企業の変化は、ＩＴ業界が変わる予兆でもあると思っています。

つながることで見える化が進む

あの有名なスティーブ・ジョブズの語録で、私が好んで引用する言葉を紹介します。

イノベーションはつながることである。

ＩＴやＤＸの最大の効果の一つは、さまざまなものがつながることで見える化が加速することです。見える化が進んだところが、見える化されていないところとつながるイメージです。必然的に見える化が遅れているところが変わってきます。

このことを経営者の方々はまず念頭に置くべきだと私は思います。

つながることはいいことばかりでないことはすでに述べてきたとおりです。以前では考えられなかった情報漏洩などの事故も、つながるからこそ起こるものです。つながることで情報伝達の距離の壁はなくなりましたが、同時にリスクを防御する壁が消滅していることも覚えておきたい点です。

つながることで、取引先や生活者と連携し新たなビジネスを生み出している例も多く誕生しています。すでに例をあげているエシカル消費はその好例です。企業がどのような製造工程で、どの国で、どのような原材料を使って生産しているのか。生活者が気になるポイントについてＩＴ

を活用して生活者に見える化しています。生活者はその見える化の効用で、さまざまな選択を行えるのです。海外の生産の様子が動画で確認でき、製造に使われる原材料がどこから調達しているのかも記録で明確になります。

今まで生活者には明らかになってこなかったサプライチェーンが詳らかになります。健全なサプライチェーンかどうかは、生活者から見えて判別できる時代なのです。

アナログな現場の業務でもつながることで、今までにない変革が期待できます。

例えば、建設業において海外で施工現場を持っている企業は品質の徹底に課題を持っています。海外現場に日本の職人や現場監督を送り込めれば解決も見えますが、毎回それを行うのは難しい。そこで、スマートグラスを介した動画を使って日本人の職人が海外の現地作業員に手法を教える。実際に動画を使って現場の確認を行い、是正のやり方などを手ほどきする。昔であれば、海を渡らないと難しかった実地研修が、今は可能です。これも、つながることによる変革のきざしといっていいでしょう。

皆がつながって仕事をし始めると、無駄な部分が見つかりやすい。これはそれぞれの仕事の手法、流れがそのギャップと共にお互いに見える化されるからです。それであれば、ここに新たな仕組みを導入しようか、という話に行き着くのです。見える化によって、比べることができるメリットといえるでしょう。

こう考えてみると、ＩＴやＤＸの本質は「見える化」と「つながること」と言い換えることもできます。つながることで、社内外にさまざまな刺激を与え、それに合わせて仕組み化をしながらコストダウンや省力化を図っていく。すでに多くの企業がつながる状態で業務を進めたり、サービスを提供したりしていると思います。そこで、何が見える化できているか、仕組み化できる可能性はあるか、という視点で検証してみるとよいのではないでしょうか。

第8章　ＤＸ化の前にするべき大切なものがある

社会の変化を感じて自ら考える

ＩＴの活用が広く普及してきた現在、支払いのキャッシュレス化が進み、ＳＮＳでのやり取りが当たり前となり、世界中の人々とコミュニケーションが日常茶飯事に行われる社会へと変化しています。ただ、繰り返し述べてきた通り、デジタルデータは私たちが物理的に触ることも、見ることもできません。手紙や紙幣のように目に見えてわかるものがやり取りされているわけではありません。

生活の利便性は向上しているのですが、その構造や仕組みが見えにくいという事実はあります。それでも、技術の進化は止まりません。次々と新しい技術やサービスが登場し、私たちの生活にさまざまな提案を投げかけます。

ただ、この進化に身を任せて、その恩恵を享受するだけでいいと考えているならば、少し考えを改めた方がよいのではないでしょうか。いずれ、社会はデジタル化に向かって加速度的に突き進み、自分たちが望まない方向に進んでいくことも考えられます。人間のツールとして開発されたデジタル技術に人間自身がコントロールできない立場に追いやられる可能性もあるのです。

すでに述べてきたようにデジタル情報を扱う場合、メリットと同じくらいリスクも生じます。

悪意のある人間がデジタル情報を利用して、さまざまな犯罪を企てることも可能です。

現在のＳＮＳもそうでしょう。コミュニケーションのツールとして浸透したＳＮＳは、今まで考えられなかった世界を私たちにもたらしました。災害地や紛争地の人から写真や動画が投稿される。今まではメディア企業の専売特許だった現地のリアル情報を一般ユーザーが投稿できる。すると、明らかになるのはメディア企業の報道の真贋です。皆が気づきはじめたのは、メディアの情報は本当に正しいのか、という点です。世界中の人々の情報リテラシーが一気に向上したのではないかと思います。

一方で、ＳＮＳを使った誹謗中傷も後を絶ちません。その要因は、オープンで誰もが情報を発信できる特性、それと匿名性です。誹謗中傷に心を悩ませ、自死を選ぶ若者や有名人もおり、社会問題となっています。

便利さを追い求めることは人間社会の本能からすると自然のことです。しかし、このような社会に変化していくことを誰もが望んでいたかというと、それは異なる見方ができます。経営者が考えるべきは、「ＩＴはツールで、社会に恩恵も与えることができる。一方で悪影響も与えることができる」という厳然たる事実です。これはＤＸも同じです。開発する人間、活用する人間、そして社会で生活する多くの人々が混ざり合って「こうあるべきだ」という方向性をもっともっと考えて議論していくべきだと思います。カナリアの話はご存じでしょうか？　昔、炭鉱でカナリアは空気の具合を察知し危険を知らせる役割をしていたといいます。これからは、時代や未来に警鐘を鳴らす役割は、ＩＴを上手に活用すれば、生活者一人一人ができます。

日本は少子高齢化が叫ばれて久しいですが、それであればこの問題にＩＴやＤＸをどう活用していくべきか。地方の衰退が顕著になる中、活性化につながる活用は考えられないのか。便利だけど、無法地帯の社会を望んでいる人はいないでしょう。便利さを追い求めるのとあわせ、私たちの社会の未来をどう変えていくのか、という視点が今まで以上に求められるのではないでしょうか。

すでに書きましたが、世界に向けて、日本には課題解決先進国としての役割もあるのですから。

ＤＸは競争の道具か？

企業は常に競争にさらされています。シェアを拡大しなければ、売上が前年対比で上回らなければステークホルダーが満足してくれない。結果、この果てしなき競争に明け暮れることは致し方ないことでしょう。資本主義経済の前提は競争です。逆に競争がなくなると腐敗と衰退を招くことになります。オリンピックを見ても、やはり競争があるからこそ面白い。企業にも人間にも健全な競争は必要です。しかし、日本はすでに行き過ぎてしまいました。

そんな時代背景を反映してか、競争から共創へ。最近、企業もよく使うようになってきました。好ましい社会の変化です。

共創という言葉は、当社も創業時から好んで使っています。デジタル大辞林から引用するとこのような意味です。

『異なる立場や業種の人・団体が協力して、新たな商品・サービスや価値観などをつくり出すこと』

図8－1

ＤＸの話になると、今はやはり主役は大企業です。大企業が資本力をバックに、さらなる競争力を高め、他社から抜きんでるために活用している。直接的な表現ですが、どこも本音の部分に近いと思います。ライバルに勝つため活用しているわけです。

大企業の多くは高度経済成長期にマーケットを拡大し、その基盤を確立してきました。当時はいかにシェアを獲るかの戦いです。まだ貧しかったころの日本が豊かになりつつある時代に差し掛かり、旺盛な消費欲をいかに満たすかが重要視された時代です。

三種の神器といわれる洗濯機、冷蔵庫、テレビが家庭に浸透します。自動車を保有する家庭も急激に増える。社会インフラも整備されて、生活の利便性は向上する。そこで、新たな商品を市場に投入し、生活者の目を向けさせる。これこそが、大企業が繰り返してきた競争の歴史です。

しかし、現在はどうか。少子高齢化で人口は減少する。人口が減少するということはマーケットとして考えると、市場という器が縮小しているわけです。そんな中、かつてのような売上やシェアを確保しようということ自体が難しくなります。また、地方の衰退もマーケットを考えると大きなダメージです。不動産などの業界では、以前ならば地方都市も有力なマーケットといえたでしょうが、人口が一部大都市に集中するようになれば、当たり前のこととして競争は激化する一方です。

この現象は日本だけが特殊というわけではなく、世界を見ても先進国はどこも劇的に人口が伸びていない。だからこそ、人口増が続いていた中国が世界第2位のＧＤＰを誇る国になったり、これからは中国の人口を追い越すインドが世界のマーケットの中心になったりするといわれているわけです。今の日本を主戦場にしている企業は、大変な状況であるのは一目瞭然です。

空前の人手不足が深刻化する昨今、働き手は喉から手が出るほど欲しいのが実情です。クラウドソーシングはまさにそんな時代の流れと技術がマッチして、普及したと見ています。これも、つながることができる時代になったのが大きいわけです。言葉の壁を乗り越えれば、世界中のスタッフと共同作業が簡単に可能になります。スタッフ間同士で知見を共有しあい、新たな商品やサービスの開発につながるかもしれません。また、新しい仕事の進め方を見出すことができるかもしれません。

年代、国籍、環境の異なる人間が集い、共同作業を行うと何が生まれるか。それは異文化を認め合う価値観と一つの環境では生み出せなかった発想やアイデアだと思います。ＤＸを活用すると、こんな共創の世界をつくりあげることもできるわけです。

前項でも述べましたが、日本や世界が置かれている状況を経営者自身も客観的に見つめ直す機会がきていると思います。確かに競争に勝ち抜かなくてはならない。しかし、自社の競争力強化のためだけにＤＸを考えているだけでは、気づけばマーケットに誰もいなくなっているような気がします。すでに世界はＩＴによりグローバルにつながっています。その中で人々の働き方や企業の成長の在り方をもう一度、考え直すべき時期にきているでしょう。

その意味でも共創の考え方は広い意味で社会を捉えるには重要な視点になると思います。つながることができる時代は、日本中、世界中の企業とも共同作業が可能です。

もちろん、世界中の人々と共に働く環境を生み出す

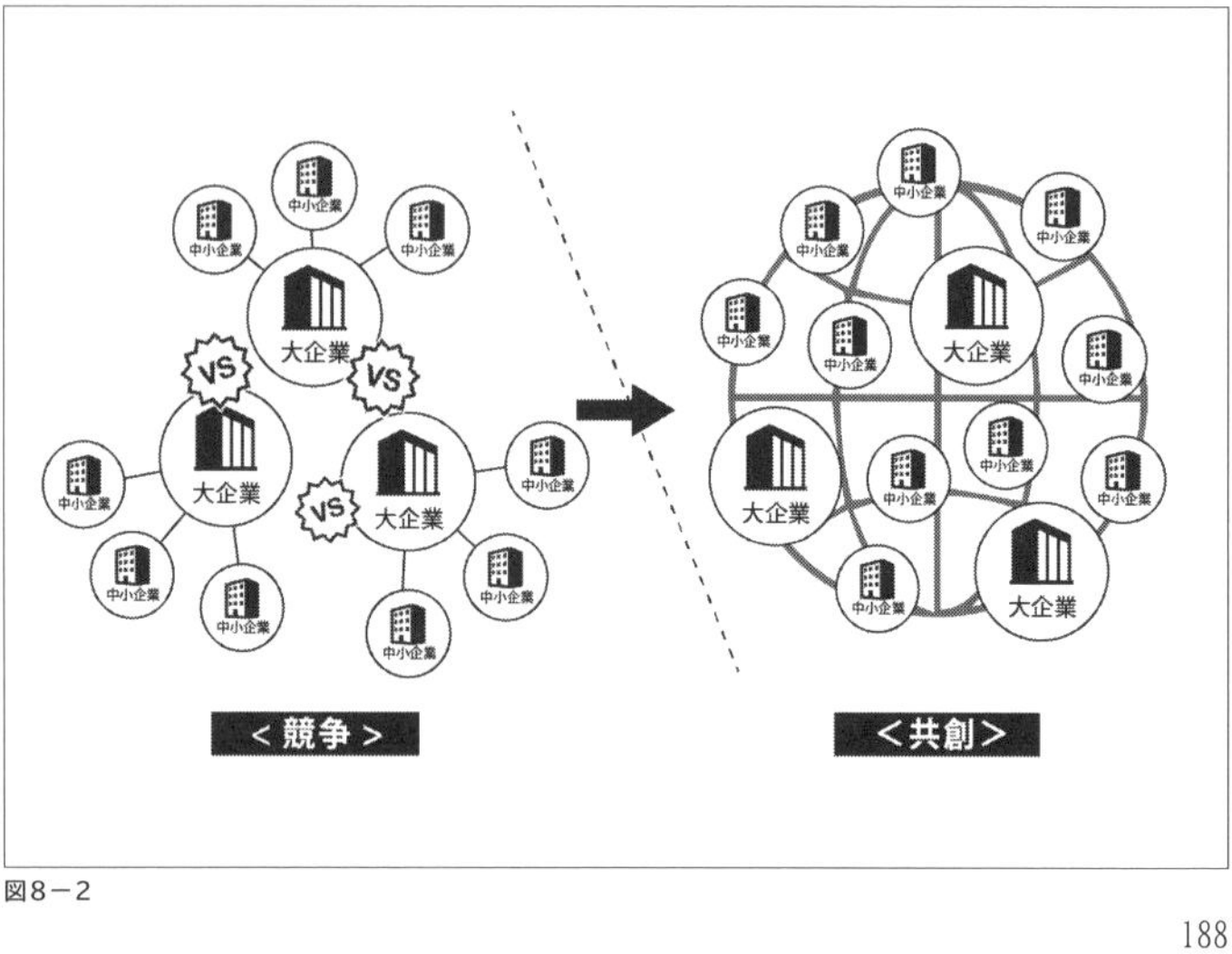

図8－2

こともできます。そうした中で今までにない新しい価値を企業が生み出すことができるでしょうし、この価値を生み出すのに有利なのは、競争の原理に縛られる大企業でなく、むしろ中小企業の方ではないかと思います。だから、中小企業こそＤＸを競争から共創の視点で見つめてみることが必要なのではないかと考えています。

中小企業がつながることの意味と価値を知る

ＩＴの活用により、つながることができる世界は企業のあり方も大きく変えたと思います。前項で述べたように、かつての競争世界において大企業はあくまで一つの巨大な漁船でした。舵取りに頭を悩ましながらも、どこで魚が多く獲れるかを考え針路を定めていたわけです。

現代になると、その魚のいる位置がレーダーで探知できるようになり、さらに魚を自分たちの船に誘導するためのさまざまな仕掛けを用意する。同じことを海原に出ている他の船も行っているわけです。いずれ、魚も理解してきます。「これは罠かな」と。賢くなってきますし、そもそも魚の数が減り続けており、競争はますます激しくなる一方…。これが大企業の実態ではないでしょうか。

では、中小企業はどうすればよいのか。元々、船の規模も漁獲量も少ないわけです。その中でガムシャラに魚を追い求めてもなかなか難しい。大企業の船から漁獲の手伝いを依頼されて、下請け的に仕事をするのも悪くはないですが、ＩＴ化やＤＸ化を推進して未来を見据えるならば、異なるやり方を考えることもできるのではないでしょうか。

例えば、小規模の船同士で船団をつくり、港の加工場とも連携し、一気通貫で商品を市場に送りだせる仕組みをつくることもできるでしょう。さらに、そもそも海に魚が減っているという自然環境としての課題解決に乗りだすことも考えられます。養殖場をつくったり、魚が棲みやすい環境を整備したりすることも可能性としてはあげられます。

小さな会社同士、横でつながること。そして、ＩＴやＤＸを活用して、シームレスに共同作業を可能にすれば、さまざまな共創で海の資源まで変化させることもできるのではないでしょうか。

業界で大きなシェアを獲得している大企業が1社だけで社会を変えられるかといえば、それはもはや不可能でしょう。社会はさまざまなつながりで形成されています。サプライチェーン一つとってみても、1社で何かを変えようと思っても難しい。やはり、業界や業種を超えて、そして海外も含めて変えていかなければなりません。昔であれば、資金力や人的資産に乏しい中小企業では考えも及ばないことかもしれませんが、現代はそれを可能にするプラットフォームやツールが登場しています。

その意味でも、業種・業態の垣根を越え、海外とつながることのできる意味は大きいわけです。ローカルとローカルがグローバルにつながる。これこそ、中小企業の価値を最大化させる方法ではないでしょうか。

つながると中小企業にとって何が良いのかを改めて考えてみます。

実際に身近で起こっている事例を紹介します。ある小さなメーカーがウェブに英語を加えるだけで、世界から問い合わせが来る。その結果、製品や商品を世界に販売できる。日本国内、海外の企業ともアライアンスができる時代でもあります。特に、小と小がつながることで生み出す付加価値は、イノベーションと呼べることも多いわけです。今後のＤＸの進展の中、この分野は特に期待できることです。

地方活性化、地方創生においても、例えば、観光庁が推進している観光ＤＸへの取り組みもあります。

これも地方特有の小さな存在、単位でも、自社の価値を未だ見ぬパートナーや潜在顧客に伝える。どこまで自社に発信力があるか、影響できるかということでもあります。それは、先ほども書きましたが、オウンドメディアを持つのが当たり前の時代だから、実現できる可能性が高いのです。

ＤＸ化が進展するこれからは、中小企業にとっては、千載一遇のチャンス到来だと思います。

ベテランの経験や知見を活かす

日本のように高齢化社会が進むと、社会における「経験や知恵の伝承」が課題としてあげられます。企業一つをとっても、ベテランが定年退職していくとその経験をいかに継承できるかに苦労している姿をよく見ます。これはＩＴのような業界ばかり見ていてはあまり気づきませんが、例えば、建設や農業など生活基盤や社会インフラを支える重要産業で特に顕著です。一方で定年年齢を引き上げたり、再雇用を積極的に実施したりする企業も多く生まれています。

ベテランの経験と勘を悪しき慣習として揶揄する向きも少なくありません。もちろん、再現性は乏しいですし、何よりも人に伝えるのが難しい。しかし、この経験と勘が一概に悪いということではないと思います。問題は見える化するのが難しいという点です。言語化してマニュアル化するのが難しい。やって見せないとわからない部分をどう伝えるか。そう考えると、今のＩＴは、この経験と勘をノウハウの共有の仕組みに組み込む際に有益なツールになりえます。

社会に出て働きはじめると、人間は組織の中でさまざまな経験をします。ＩＴは効率化や省人化に大いに役立つツールです。しかし、複雑になる人間関係やマニュアルではわからない現場での経験までもカバーしてくれるものではありません。

また、失敗をしたときの対応やリカバリーまでを補完してくれるものでもありません。そのような場面に出くわしたとき、ＩＴを駆使しながらも、人間としての体験を学ぶことは有益であるわけです。なぜならば、仕事や生活を人間が行っているからです。

ロボットが全ての仕事をこなしてしまう世界では、そんな心配も要りません。一緒に働いている現場の作業員の様子を気遣うこともありませんし、そもそもミスが起こるという前提もありません。たとえ、30年前の経験であろうとも、先人の体験や知見は貴重なのです。

また、こういった経験や知見は日本だけでなく途上国や新興国でも貴重な存在です。国の発展度合いでいえば、途上国や新興国は日本の40～60年前に該当するといえます。この国々は、まさに戦後の経済大国を築きあげた人たちの経験や知見を求めています。どのようにして高度な社会インフラを構築することができたのか。業務の進め方だけでなく、チームワークの重要性、仕事に対する信念といったことをこれらの国々は求めているのです。

日本は戦後間もなく高度経済成長期をつくりだした世界でも稀有な存在です。今では凋落と揶揄されていますが、かつては世界第2位の経済大国まで上りつめ、「ジャパン・アズ・ナンバーワン」と世界にその評価を轟かせた国でもあります。その経験を培ってきた人材が日本では次々と引退を迎えていきます。知見をいかに活かせるかという側面は、ＩＴやＤＸの活用において非常に重要であると考えています。

一方で、社会が大きく変革する中、過去の経験や知見などは不要という意見もあります。確かに30年前の経験が現代に役に立っていることは何があるか。営業は経験と勘の世界から科学的なやり方に変わりつつあります。ＳＦＡに蓄積したデータから分析を行い、効率的に活動ができる仕組みが導入されていたりします。その上で、顧客が求めるものもかってとは様変わりしました。経理事務についても算盤・電卓の時代は過ぎ、伝票作成なども手入力で行う必要もない。

前出の建設現場も経験は不可欠だが、それを補う情報伝達の部分でＩＴが利用されたり、農業や畜産の世界でも同様に、経験や勘ではなく蓄積されたデータを科学的に分析したりし始めています。

なにかと、サイエンスがクローズアップされる時代ですが、人間の好奇心や知恵は常にそれの先を行きます。繰り返しますが、石器時代から、人間はツールを使って拡張してきたのです。それは、人間が好奇心を持ち探求し、数えきれない失敗をしてもめげずに前進する。そういう意志と行動の結果、サイエンスが生み出されてきたのです。知れば知るほど知らないことを知るのが人間です。

だから、アナログな人間が何よりも先なのです。今後も変わらないと私は確信しています。

先ほどから例をあげてきましたが、今は世界中の人々がつながり、コミュニケーションがとれる時代です。昔ならば「そんな遠い国は…」と躊躇するところ、今はパソコンやスマホがあればつながります。この利便性をおおいに活用し、ベテランの経験と知見と勘をＩＴに吸収していくことは、日本だけでなく世界の社会課題解決の一助になるはずです。

国内外・世代間のギャップを埋める

繰り返しますが、ＩＴはつながることで何を成し遂げるかを考えるツールともいえます。中小企業でも色々なことが考えられるはずです。同時にこのツールを使って、もっと社会を豊かにしていこうという視点も忘れてはならないと思います。

コロナ禍で帰省ができない際に、実家の両親の元気な姿をオンラインでコミュニケーションをとりながら実感する。こんなこと、コロナ禍のようなパンデミックが起こらなければ、気づきもしなかった方々は多いのではないでしょうか。豊かな社会生活を目指した効果的な使い方をもっともっと蓄積して、周知していくべきだと思います。

最近よく聞くのが日本において世代間ギャップが広がりつつあるということです。しかし、今に始まったことではないのです。都会に人々が多く住みはじめると、核家族化は起こる。隣の人は知らない、まわりに怖い頑固おやじもいなくなる。学校では知らないところでいじめなどの陰湿な行為が繰り返される。でも、相談する相手もいなければ、それを叱る大人もいない。

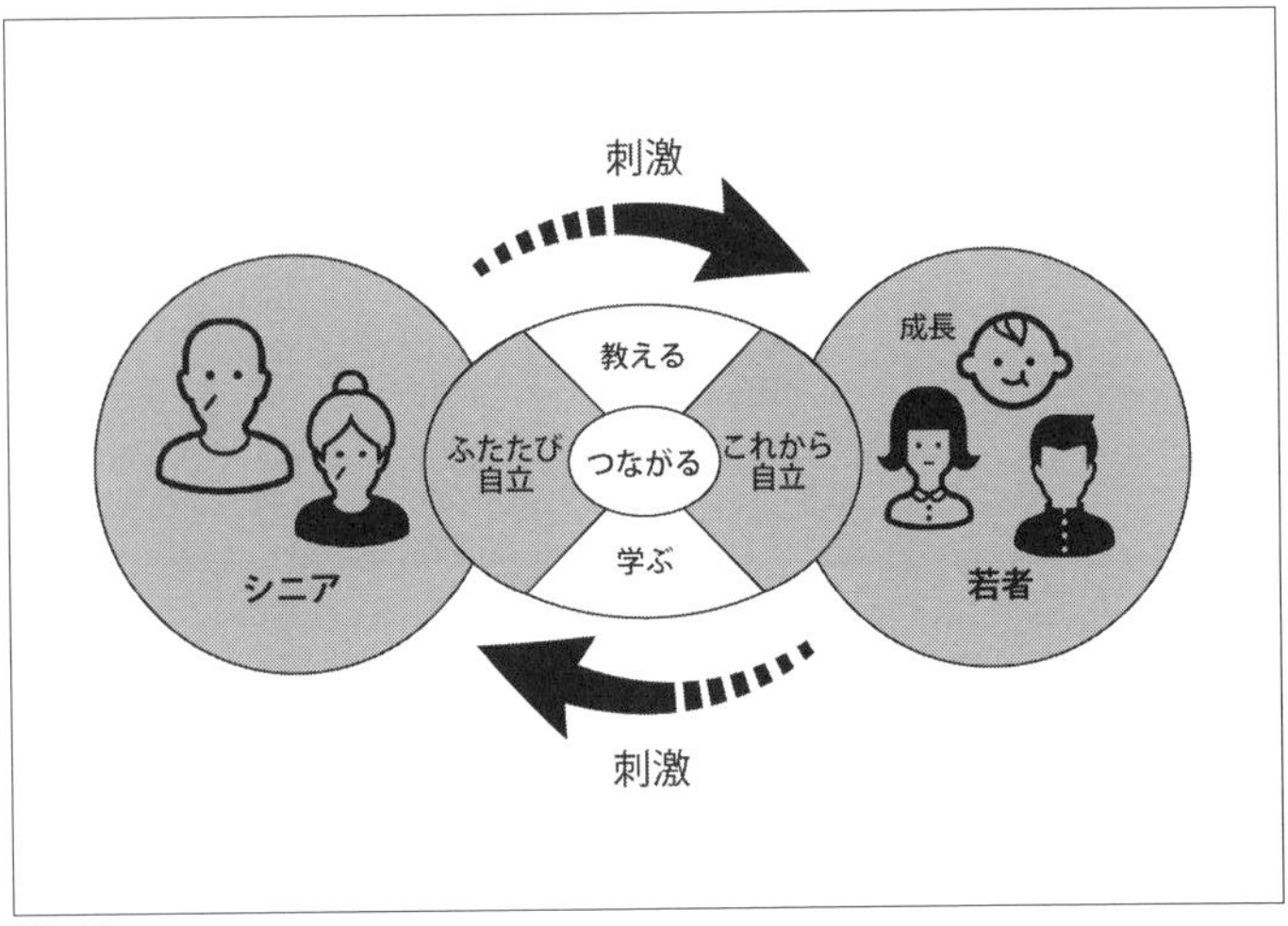

図8－3

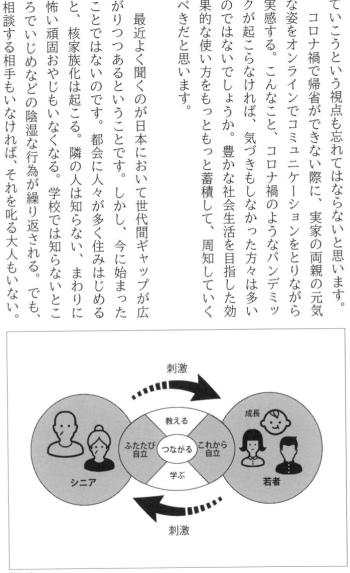

ではＩＴを使って、広がりつつある世代間ギャップを埋められるかといえば、直接的には難しい。なぜかといえば、オンラインでつながるという行為はきっかけに過ぎないからです。

例えば、今の時代、15歳の子が70歳のシニアとフラットに会話する場がどれだけあるか。少ないことはおわかりいただけると思います。15歳の子が70歳のシニアと話をしたがらない、という本質的な問題もありますが、もともと人間は多様な世代が混ざってコミュニティを形成して生活をしてきました。歴史を振り返ってもその期間が圧倒的に長い。

そのコミュニティには若い人もいれば、当然シニアもいる。そういう中で大人の経験や知見を吸収しながら成長していったわけです。

逆に今の時代のように、そのようなコミュニティが皆無に等しい生活を送っていることの方が歴史的に見ればイレギュラーともいえます。

この世代間でのコミュニケーションが頻繁に行われるようになれば、もう少し「人間の生活とはなにか？」「目上の人を敬うとはどういうことか？」と考える機会も増えると思いますし、同時に自分が大人になり、シニアになったときも語り継ぐもの、受け渡すものを明確に意識できるはずです。

そして、国内だけでなく、国外を見渡しても、ギャップを埋めることは大切ではないでしょうか。アフリカの人々の生活がどうなっているのか。実は日本の大都市並みに高層ビルが立ち並ぶ場所が多くあるのかもしれない。

アフリカの子供たちの思い描く将来の夢とはなんだろうか。その夢の在り方に刺激を受ける日本の若者がいるかもしれない。見えない、伝えないからギャップが生まれるわけです。

例えば、私たちの経験でいえばラオスという国がそうでした。日本の報道を見る限り、山間の貧しい国です。人口も少なく、写真に登場するラオスの人は畑仕事ばかりで原始的な生活をしている姿です。

しかし、実際に首都ヴィエンチャンに行くと、その印象は一変します。街には洗練されたショップが立ち並び、レストランには若者の多くが行列をつくっています。ディスコもあるし、バーもある。日本と違うのは交通機関が不便なくらい。そこに生活する若者の多くは、日本の若者と同様に、おしゃれもするし、流行りの店で仲間と楽しそうに歓談しています。

こういう姿を知ることは、グローバル化が進む現代においてとても大切なことです。相手もきっと日本や日本人を誤解しているかもしれません。

昔は現地に赴いて、その目で確かめるしかなかった。テレビや雑誌は伝えたいことは伝えてくれるが、それが事実の全てでないことは前述したとおりです。だからこそ、つながることのできる現代で大切なのは、このような国の人々とコミュニケーションをとり、お互いのギャップを埋めることができる機会づくりなのです。

「百聞は一見に如かず」と言われます。現地に行ってみてわかることは山のようにあります。特に海外はそうです。ですが、時代は変わりました。これからは、「百聞は一見に如かずの前の一見」の意味や価値が高まります。それは、ライブでのコミュニケーションですし、ＶＲやメタバースの世界かもしれません。こういうＤＸは健全に活用できるなら、大いに歓迎したいものです。

ＩＴやＤＸは人間の拡張機能に過ぎない

ＩＴやＤＸは単に人間にとっては、拡張機能であるという話を少ししたいと思います。あくまでも感覚の話ですと先にお断りしておきます。

私は、建築を志し、たまたまＩＴの仕事に従事してきた。だから、この40年間ずっと、ＩＴと建設（建築と土木）を比べてきました。

プロジェクトマネジメントの観点もあれば、ものづくりという考えもある。何よりも、今も思っているのは、建設もＩＴも何のためにあるのかです。


人間は石器時代から、さまざまな道具（ツール）を発明し、使用し改良してきました。

私は建築出身であるので、今でも、どうやって巨大なビルや橋、トンネルを人間が造れるのかを時々考える癖があります。もちろん、理屈や構造、造り方もある程度はわかっていてもです。

こんな小さな人間がすることには驚くばかりなのです。だから、兵庫県と淡路島に架かる壮大な明石海峡大橋は、何度通っても、飽きることはないのです。

石器時代の石器がツールというのは誰もが知っていますしわかりやすい話です。

図８－４

そのツールはそもそも誕生した時から、人間の行動と能力の拡張機能であったのです。

人間拡張という言葉を聞いたことがあるでしょうか？　ＣｈａｔＧＰＴによると、人間拡張(Human Augmentation)は、技術や機器を用いて人間の能力や機能を向上させることを指します。これは、身体的な能力や知的能力、感覚能力、あるいは生活の品質を向上させることを目指していますとあります。また、都市は人間拡張であると定義しているのは、「都市５・０」の著者の葉村真樹氏です。私は、石器道具も人間拡張だと思います。

だから、このＩＴにしてもＤＸにしても、人間の拡張機能として捉えるのが一番であると思っています。飛行機も宇宙船も自動車も鉄道も皆そうです。

生身の人間ではできないことをしようとする。そのために、何かを発見・発明する。その発展途上に現代はあり、これからも人間は同じようなことを繰り返していく。

あり(虫)の目、鳥の目、魚の目…視点を変える、複眼で見るという意味で私たちには、さまざまな目が必要です。それだけ、人間は今いる環境や立場で視野狭窄になるし、自分が欲しい情報だけ、自分に都合の良い情報だけを取るようになっていく。だから、違う視点や角度から視て考えましょうとなる。そんな中で、こうもりの目という言い回しはとても興味深いのです。

　用途は色々ですが、想像通りこうもりは逆さで見ることができる。

　つまり、仕事や企業での経済活動の視点から離れて、別の見方をすれば、ＤＸの本質は見えてくるかもしれないのです。少なくとも何かを発想するきっかけにはなると思っています。そういう意味で、皆さん一度、拡張機能としてＩＴやＤＸを考えてみてはいかがでしょうか？

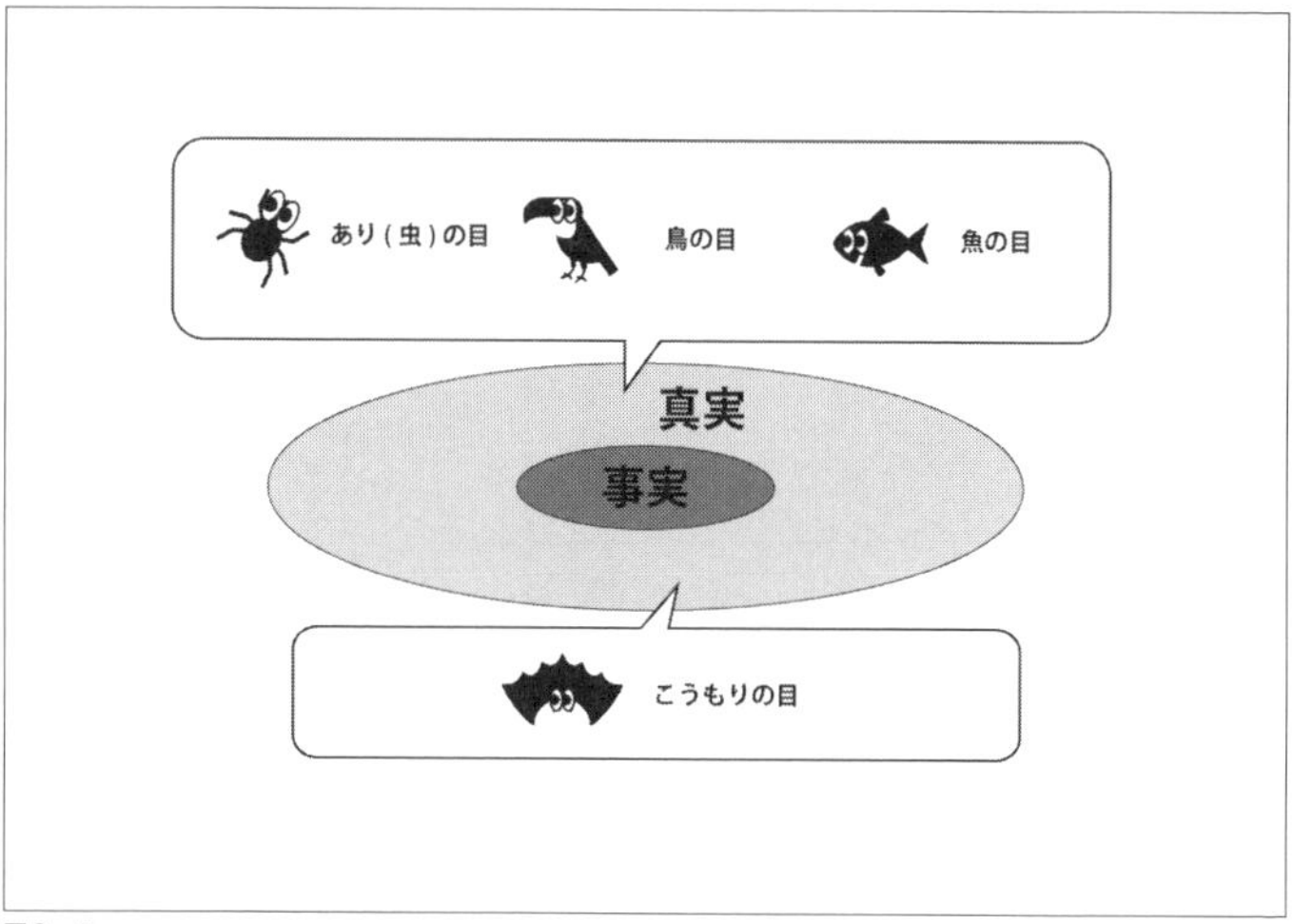

図8－5

第９章　ＤＸは焦らずに取り組みたい

ＤＸをきっかけにして変わる

特に中小企業の経営者にお伝えしたい。社長自身が先頭に立って、ＤＸを変わるきっかけにしましょう。変化はチャンスですと。

ここまでＩＴやＤＸについて、私なりに考えを述べさせていただきました。とはいえ、実際、日々の経営にあたっている中小企業の経営者の方々は焦っている人もいると思います。世間でこれだけＤＸと叫ばれている中、自分たちだけが…と感じるところも多いでしょう。

なにも経営者の課題はＤＸだけではないと思います。事業承継に直面している方は違う問題を抱えているかもしれません。変革を求められる時代といえばそうかもしれません。しかし、あらゆる課題をネガティブに捉える必要はないと思っています。ＤＸに関してはむしろプラスに捉えて取り組むべきではないでしょうか。

大企業の話を聞くと、どこもかしこも変革ブームです。言い方はイノベーション、事業創造、創造的破壊などさまざまなキーワードが並んでいます。失われた30年から日本は変化できていないことを日々、マスコミは喧伝しています。日本は変われない、変化しないことを主張し、欧米各国、アジアの中国、韓国とも比較し、悲観論を展開します。

でも、変革は今に始まったことではなく、すでに始まっているわけです。産業革命は一つの大変革だったといえますが、そこから今まで変革は進行中であるという見方もできます。

すると、日本の大企業も中小企業も変革の中を色々と模索し、今、生き残ってきていると言い換えることもできます。ただ、この数年のＩＴとＤＸの進展が加速されたため、その対応に追われ翻弄されているというのが実態ではないでしょうか。

スポーツに例えると、最初の数年は基礎練習ばかりで上達を感じられない時期があると思います。それがつらいので、そこでやめてしまう方もいるでしょう。ところが、ある時期から劇的に上達して急成長することがあります。ＩＴ化やＤＸ化を推進するというのも、その上達までの基礎訓練であり、きっかけに過ぎないと私は考えています。昨日導入したから、今日にも成果がでることはありません。成長のきっかけをつくるために、中小企業はできるところから取り組みを進めるのが一番賢明です。

変革はトップダウンで進める

ＩＴに長けた人が、経営を学ぶのが早い時代が来ると予感します。

大企業などで、経営トップに立つ人のキャリアは時代時代で変遷しています。年功序列終身雇用の時代は、人事畑出身はエースでした。顧客獲得が厳しくなると、営業系で実績をあげた人。そして、これからはＤＸ時代。この分野の人が経営を学ぶ方が自然です。

では、バランス力があり専門的スキルがある人が組織にいることが皆無の中小企業はどうすればよいのでしょうか？　それは、まずは社長がなるしかないのです。

まずは、あるべき姿（ＴｏＢｅ）を指し示す。もちろん、今の経営課題（ＡｓＩｓ）もこなす。それにＩＴやＤＸを利用する。

ＡｓＩｓも大事であるが、それは現場に任せればよい。しかし、組織としてＰＤＣＡを回し続けるのはこれまたトップの責任でもあります。

企業の中で変革のきっかけをつくるのは、やはり組織のトップであるべきです。企業の何かを変えようというとき、先頭に立つのは社長しかいないわけです。この変化への適応に必要なのは強力なリーダーシップです。

大企業であれば、このリーダーシップをとるのは社長でなくても社内に人材は数多くいるかもしれません。また、外部からリーダーを招聘することもできるかもしれません。しかし、中小企業はそうはいかない。だからこそ、トップ自らが強い意志をもって取り組まないといけないわけです。

世の中にはボトムアップに期待して、従業員自らが気づき、変革を牽引することを良しとする風潮もあります。現場の自由な発想で新しい商品やサービスを開発し、世に送り出すこともあったと思います。これは今流行りのサーバントリーダーシップに近いかもしれません。しかし、会社全体を本気で変えていこうとなると話が異なります。そこには、必ず現場の軋轢が生じるからです。新しいやり方を主張する者と、古いやり方の利点を主張する者が混在します。それぞれが今までの経験や現場の効率を考えて主張をぶつけ合います。そして、その答えに正解はないわけです。どちらも正しく、どちらも間違っている。この意見を調整し、あるべき姿へ向かわせることができるのは、中小企業ではやはり社長以外いないと思うのです。

会社を変えようという場合、強力なリーダーシップが必要です。だからこそ、社長が最適。ただし、このとき社長が間違ってはいけないのは、急ぎすぎることです。いきなり「半年後に生まれ変わるぞ！」といわれれば、そこで働く従業員もドン引きします。「今まで自分たちがやってきたことはなんだったんだ？」と疑心暗鬼を生むことにもなります。また、外部からコンサルタントなどをむやみに呼んで、それこそ現場と乖離した机上論を展開しないことです。いきなり上から目線でそんなことをいわれても、現場は現場の意見と理論があります。それを十分理解した上で進めることが大切です。

私が思うに、社歴のある中小企業はＤＸにしても10年スパンで計画を立て、実行していくのがよいかと思います。１００歩譲っても3～5年計画でしょうか。これであれば十分、変革のための準備期間を確保できます。その期間にさまざまな現場の意見を吸いあげ、社員の教育にも時間を使うこともできるはずです。焦る必要はなく、まず経営トップ自らがリーダーとなって進める覚悟を持つことが先決です。

段階的ＩＴ化のススメ

では、ＤＸ化の取り組みを始めましょう、といって何から手をつけるか。これも繰り返しになりますが、ＤＸの定義は企業環境によってさまざまです。専門家やコンサルタントは、さも定義が決まったような言い方をしますが、それは半分正しく、半分間違ってもいる。その第一歩として、身近なＩＴ活用の成功事例を作る。そのために、企業の中で業務を効率化、省力化してコストを抑えられる手法を探し出すことが大切です。その典型的な例の一つは業務の自動化です。

アナログ業務のＩＴ化が、企業に多大なメリットをもたらすのはすでに述べました。ＲＰＡのシステムを導入すれば単純化された事務作業は大幅に短縮化され、省力化が実現できる可能性があります。

別に自動化の流れは今に始まったわけではなく、工場の機械化は以前より採用されています。ただ、この自動化が遅れているのが、中小企業の世界だといわれており、これをいかに進めるかが日本政府においても経済振興の重要課題となっています。だからこそ、中小企業のＩＴ化やＤＸ化に以前から補助金・助成金を拠出していますし、コロナ禍の際も事業再構築についてＩＴ化やＤＸ化を盛り込んだ形で予算化も果たしているのです。

とはいえ、自動化といってもなかなか難しい判断に迫られます。全ての業務がＩＴ化でき、人間の手がかからない状況をつくりだすのは当然難しいわけです。中小企業の現場を見ていればそれがよくわかります。建設や農業といった人力頼みの現場において、一部の自動化は可能でも、全てを人間の手から手放すことはできません。

逆に、ここの部分は明らかに自動化できるという業務も散見されます。そういった人力で非効率的に仕事をしている部分も中小企業には数多く残っています。

肝心なのは、この自動化においていきなり「全てを自動化する」という幻想を抱かないことです。また、自動化できる部分に取り組む際も、いきなり業務を１８０度変えてしまうようなドラスティックなやり方は控えるべきだという点も大切です。自動化を進めていく過程で必ず歪みが出てきます。それが新たなミスや遅延などを引き起こす可能性もあります。

そうした現場の混乱を想定しながら、最小限に歪みを抑えながら進めていくのがよいわけです。自動化を一気に行うと、例えば現場を止める、サービスを止めるといった事態も起こり得ます。そういうことを想定しながら慎重に進めていく気持ちの余裕が必要です。

建築の世界で例えると、新しく建て替えるのではなく、躯体を活かし、部分的にリノベーションを進めていくイメージです。最初はリビング、そこからキッチン、子供部屋へ。社内も優先順位付けして、A部署からB部署へという感覚で進めていく。そこで発生した問題などをキャッチアップし、次の部屋（部署）の展開に活かしていくわけです。

ここで気をつけたいのは、部分最適と全体最適の視点です。すでに説明したように、部分ごとに進めていくと、部署という中で部分最適に走る傾向もあります。経営者はこの傾向を軌道修正しながら取り組みを継続させる必要があります。部分最適を放置し、最後に全体最適を図ろうとすると大変な労力がかかります。その際にまた現場の反発が出るかもしれません。

だからこそ、最初にＩＴ化やＤＸ化に取り組む目的を社員と共有し、ゴールを間違えないように認識させておく必要があります。

変化適応力を鍛える

ここまでに、何度も変化、変化適応という言葉を使ってきました。当社は、変化適応型組織という言葉を、10年以上前から好んで使っています。現代はＶＵＣＡ（Volatility Uncertainty Complexity Ambiguityの頭文字を取った造語）の時代という言い方もあるように、とにかく、変化が確かに激しい。人口が減る、グローバル対応が必須、そしてＤＸ化の推進。経営者は大変です。一方で、変わらなくても良いものもあります。そういう意味では、混在しやすいし迷いやすい。

温故知新と不易流行の両輪で回す。こういう考えを経営者が咀嚼して、現場に落とし込む。奥の深い言葉ですが、簡単に説明すると、良いものは変わらず残す、そしてブラッシュアップを続ける。一方で、新しいものも取り入れる。要は、この2つのバランスをとることが、ＤＸ化の推進には必要なのです。

極端にいえば、人口ボーナス期の右肩上がりの経営環境では、変化というのは、顧客が増える一方だけでした。今は、まったく違う。人口が増えるときの経営を登山の経営というなら、すでに日本は、世界で誰も経験したことがない、下山の経営感覚の時代なのです。

経営環境が大きく変化している時代ですので、この変化に適応していかなければ企業は生き残れません。これはよく聞くお題目のようでもありますが、実際にこの変化に飲み込まれてしまう企業も少なくありません。

振り返ると、コロナ禍においては企業の経営環境は一時的に大きく変化しました。どんな商売をしているかにより、大きく異なりますが、例えば飲食店など店舗を展開している企業は「営業自粛」という今までにない外圧で経営が大きく揺らぎました。

ただ、これは今まで感染症による公衆衛生対策としてここまで厳しい状況がたまたま訪れなかっただけともいえます。いざ、そのような状況になれば店舗経営はたちまち存続が難しくなります。デリバリー事業を始めたり、まったく異なる事業へ転換を図ったりする企業もありました。居酒屋を経営していたが、換気による感染症対策に向いた焼肉店に移行する店も少なくなかったようです。このような変化はまたいつ訪れるかわかりません。

そして、変化という点で見逃せないのが、働く場所を問わなくなったことです。これもコロナ禍で皆さんは改めて気づかされたと思います。この機に全社的に在宅勤務を採用し、独自の労務管理体系を整備した企業もあるでしょう。さらに、この変化をチャンスと捉え、北は北海道から南は沖縄まで在宅勤務の幅を広げ、採用に大きく成功した企業もあるくらいです。変化をチャンスに変えた好例といえます。

人間は固定観念で物事を見てしまう傾向があります。もちろん、企業も同様です。「～が当たり前」と思っていたことが、足元から崩れ落ちることとは、今回のコロナ禍の経験からも学ぶことができました。柔軟に身構えておくことが企業に求められる時代です。

変化に敏感になる。そして、組織をその変化に適応するように変える。これからの経営トップが率先してするべきことです。

リスクマネジメント力を磨く

本書でも繰り返し、リスクについて述べさせていただきました。特にＩＴやＤＸは今まで想定していなかったリスクを抱え込む可能性があります。企業はリスクに対して敏感にならなくてはならないですし、リスクに対処する力も磨いておく必要があります。
　個人と組織ともに、リスク察知力を高める必要があるのです。

　ＩＴやＤＸにまつわるリスクは多々あります。情報漏洩だけでなく操作ミスで誤発注を発生させることもあります。最近でいえば、飲食店のアルバイトなどが店内でふざけた動画をＳＮＳに投稿し、ひんしゅくを買うケースが多発しています。これにより企業の信頼は失墜し、客足が遠のくなど経営に悪影響を与えています。これはＩＴやＤＸの浸透で引き起こされた事象といえますが、見方をかえれば企業の根本的なリスク対策が欠落している結果ではないかと思えるのです。
　そもそも、店内でこのような行動をとるアルバイトなどを管理するのが各店長や正社員です。投稿がアップされる、されない以前に飲食店としてあるまじき行動を制御できていない部分が問題の根底にあります。もちろん、店長や正社員がいない時間帯を見計らって行動しているのは間違いありません。しかし、ここで気づくべきは、自分たちがいない時間帯にアルバイトたちはこんな行動をとっていたという事実です。この事実が動画として投稿されたというのは結果の話です。結局、原因としてはそのような行動が常識外であり、ゆくゆくは会社的にも大問題になるという意識を教えきれていなかったことに起因する部分もあります。

リスクはさまざまなところに隠れています。社内でデジタルデータを扱っていれば、「もしかしたら、こんなミスが起こるかもしれない」という意識を持たせておくのが必要です。そのためにはときには訓練も大切です。官公庁や大企業でも、毎年予算をとって標的型攻撃メールの訓練を行っています。これは自社や省庁内の従業員・職員に対し、偽の標的型攻撃メールを送付し、これを未然に回避できるかを訓練するものです。うっかり添付ファイルやＵＲＬをクリックすると、そこからウイルス感染や情報漏洩が発生します。このような訓練をさせながら、常にリスクに対する感度を磨いてもらうのです。

中小企業でもＩＴやＤＸに取り組むなら、リスクに対して感度を磨いておかなければなりません。当然ですが、中小企業であろうとも攻撃の標的になるおそれはあります。さらにいえば、従業員が何気なくＳＮＳなどに投稿した情報が炎上するかもしれません。

この時代にパソコンやスマホの使用を禁止することは難しい。むしろ、これらツールを使いこなさないと仕事にならない。ならば、ＩＴやＤＸの裏に隠れたリスクを認識し、常に社内で共有しておく努力が必要になります。現代の企業経営に必要なのは、経営者のみならず全従業員の意識を一定まで高めることです。

慌てる前に社員教育を進める

隗より始めよ、という有名な言葉があります。

経営者で心がけている人も多いとは思いますが、このＩＴ化やＤＸ化こそ、それが必要でしょう。何も、ＩＴに精通することではないのです。

本章ではＤＸに実際に取り組む際に「焦らないで」ということと「やるべきこと」を説明してきました。焦らないことを前提にして考えると、今やるべきなのは、なによりも社員教育です。ここまで述べてきたように、変化への適応も、リスクに関しても、知識としてしっかり学ぶ期間を設けることは重要です。

そして継続的な訓練や実践も大切。当然、その結果は評価してなんぼ。評価は人事評価と連動することが重要です。教育や学びは、ＰＤＣＡそのものでもあります。

また、私がここで強調しておきたいのは、社員教育においてＩＴやＤＸに精通するような特別な教育は要らないということです。これらはツールや取り組みです。自動車と同様に考えると良いです。自動車を利用するにあたって、自動車の細部の仕組み、テクニカルな部分まで学ぶ必要はないのです。学ぶ必要があるのは交通ルールやマナー。そして、健全な使い方です。ＩＴやＤＸも技術面や専門性を高める教育は一般の人には不要です。

加えて、仕事をしていく上での基本的な部分を再度見つめ直す機会にした方がよいです。先ほども例であげましたが、アルバイトなどの不祥事がなぜ起こるのか。これをＩＴやＤＸを原因にしていたら、同じことが何度も続きます。もっと基本的な部分。アルバイトへの教育のやり方や接し方から再考する必要があるわけです。また、他の部署の仕事を知る機会にするのもいい。

なぜかといえば、ＩＴ化やＤＸ化で第一歩として目指すところは、足元でいえば省力化であり、効率化だからです。ＩＴ化していくにあたり、教育の機会に、他の部署の仕事がどうなり、どう変わっていくのかを知ることは有益だと思います。そして、最終的に自社が何を達成したいのかを学んでおけば、全社的に全体最適化の意識が根づいていきます。

専門家やコンサルタントの話を聞くと、ＩＴやＤＸは非常に敷居が高いものに思われがちです。しかし、人間が使うツールです。今の中小企業経営においては健全に、効率化を図り、利益を最大化するツールと理解しても間違いではないです。

しかし、変えるといっても、そこには長年にわたって、多くの人が働き、独自の手法でよい結果につながっている仕事も多く含まれます。そのうちどこの部分から改善を始めていくのかを社内でおおいに議論しながら進めていくわけです。とかく、マーケティングデータの解析方法やデータドリブンの概念を知り、社内全体を専門家に仕立てあげるかの如く、教育カリキュラムを編成する企業もありますが、ちょっと待ってください、といいたいです。そもそも、そのような分析や解析の仕事こそ、これからＡＩやＲＰＡの力で自動化されていく代物ともいえます。

そのようなことに時間を割くくらいであれば、つながることで自社の価値を最大化できる手法を社内で考えてみる、若手に途上国の人たちとコミュニケーションをとる機会を設けてみる、地方でワーケーションを体験してみる方が、よほどこれから豊かな社会を築くためのアイデアを発想できると思います。

やはり、ＤＸは焦らず進めてもらいたいと思います。もっと広い視野で社会や世界の課題を話し合い、自社が果たすべき役割を考えていくべきではないでしょうか。

そのためには、トップも自らがお手本となって社員と共に学ぶことが大切です。

最後に、今、当社が官公庁自治体やさまざまな組織に提供しているＩＴ活用、ＤＸ推進に関わる中で、ＩＴ研修やＤＸ研修をご提供する際に利用している教育の考え方を記しておきます。

ＤＸ推進力＝考え方×やり方×スキル×ツール

ＤＸ推進の下地づくり、土台づくりには教育が一番です。この４つの要素が相乗効果を発揮するために、それぞれの要素を学び、掛け算で成果を考えるという意味です。

考え方

・ＤＸは何のために推進するのかという自社の方針や目的を理解する

・抽象的でもよいので、あるべき姿（Ｔｏ　Ｂｅ）を理解し、今するべきこと（Ａｓ　Ｉｓ）との相関を知る

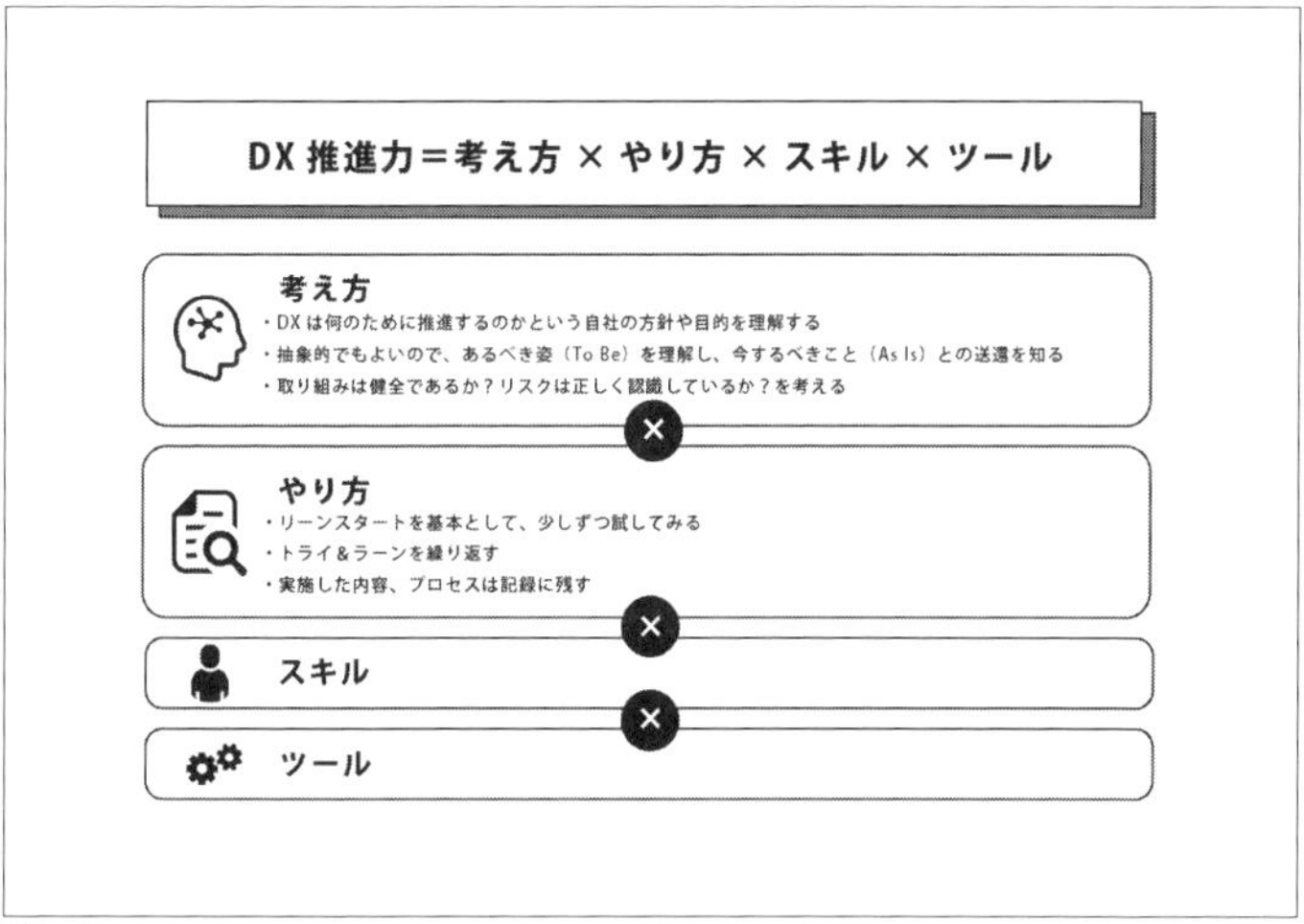
DX推進力＝考え方 × やり方 × スキル × ツール
考え方
・DXは何のために推進するのかという自社の方針や目的を理解する
・抽象的でもよいので、あるべき姿（To Be）を理解し、今するべきこと（As Is）との送還を知る
・取り組みは健全であるか？リスクは正しく認識しているか？を考える
×
やり方
・リーンスタートを基本として、少しずつ試してみる
・トライ&ラーンを繰り返す
・実施した内容、プロセスは記録に残す
×
スキル
×
ツール
図9−1

・取り組みは健全であるか、リスクは正しく認識しているか、を考える

やり方

・リーンスタートを基本として、少しずつ試してみる
・トライ&ラーンを繰り返す
・実施した内容、プロセスは記録に残す
・実践したことは、関係者に共有する

スキル

・ITスキルに目が行きがちだが、必ずしもそうではなく、問題解決能力、変化察知力、リスク察知力、コミュニケーション力など、仕事の基礎とITには直接関係ない仕事スキルの向上も必要となる
・特に、デザイン思考やアジャイル思考は重要である
・学び↓評価↓学びを繰り返す

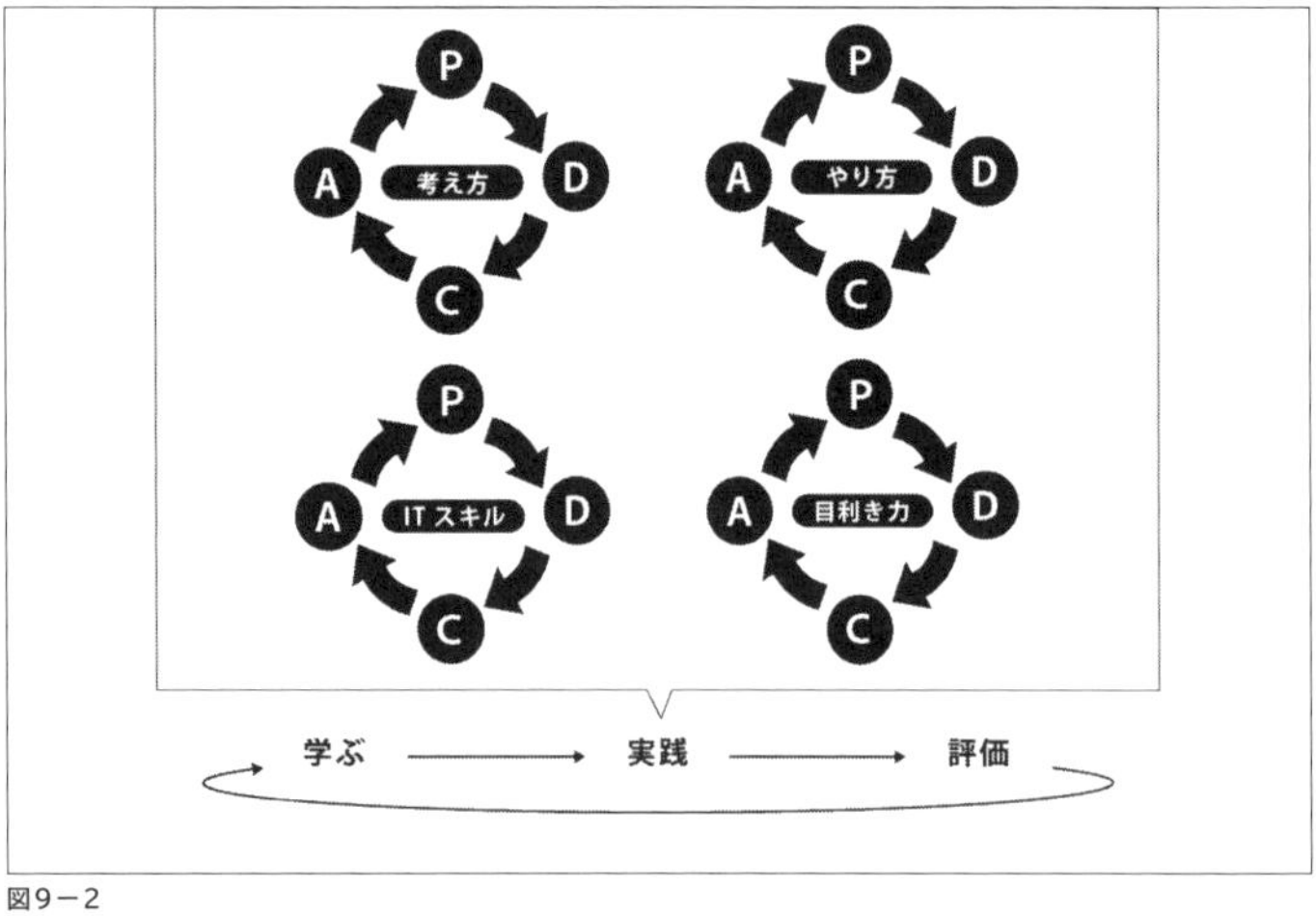

図9－2

ツール
・適正なツールの選定をする目利き力が重要である
・ツールを使いこなすスキルを磨く

第10章　ＤＸ時代の小さくても健全な経営の羅針盤

中小企業の存在って何でしょうか?

私は、社会全体でいえば、エッセンシャルワークの塊であると考えています。

人口拡大の時代であれば、確かに、大企業は必要だったかもしれません。本文でも触れましたが、GAFAMのようなプラットフォーマーも進化の過程では、必要かもしれません。

しかしながら、企業だけではなく生活者も含めて圧倒的な数の小があってこそ、大企業やGAFAMは成立するのです。

ここ数年、日本では、あちこちで、スタートアップブームです。自治体までそれに乗っかっています。かつてのベンチャーブームはどこに行ったのでしょうか? 起業家支援の世界が、そもそもバズワード化していると憂えているのは私だけでしょうか?

100歩譲って、日本から世界にとどろくスタートアップが誕生したとして、それがこの先の日本の行く末にどう影響し、どう貢献するのでしょうか?

私は、自身が起業したので、起業は色々な方に勧めます。シニアも若者も女性も海外の人にも・・。その理由は簡単です。皆が寄りかかっていられた日本ではすでにないのです。人口が減り続けて、下山の経営の時代は、小さな単位がつながり、地方や色々な所に埋もれている社会の問題や課題を解決したり、気の利いたサービスや商品を生み出したりすることが大事なのです。大量に企画商品を出して、マーケットを取る取らないの時代ではないのです。だからこそ、一人一人が自立する。日本や世界の未来にどうやって貢献するかを考える。その結果が小さなビジネスであることは、とても自然体なのです。もちろん、起業だけではありません。生活者一人一人が子供たちの未来、日本から遠い場所にあるこれからの国の人たちに想いを馳せる。そして、小さな行動を始める。ＩＴやＤＸは、こういう活動にはとても役に立つのです。

数年前、リープフロッグという考え方が、日本のビジネスの現場で話題になりました。あまり知られていないですが、アフリカではすでにスマホがＡＴＭ代わりになった国もあります。現地の実情は、先進国のようにＡＴＭを設置する資本も時間もない。スマホが使えるのだから、使いましょう。それだけの構図なのです。

日本人は、今までの日本のプロセスを基準に比べる。銀行があってＡＴＭが日本中にある。そして、スマホも併用できる。これと比べるから、ＡＴＭが存在しないことにただ驚く。日本から見たら、フィンテックかもしれないですが、現地から見たら自然の発想なのです。だからそういうのを総称して先進国の日本から見ると、蛙飛び＝リープフロッグが起こっている。すごいことが起こっているという。でもベトナムに行ってもどこに行っても、現地の人はすごいことが起こっているとは誰も思わないのです。

何もないに等しい、新興国などの実情からしたら、最先端のテクノロジーやＩＴを徹底的に活用するのは、あまりにも当たり前のことで、驚くようなことではないわけです。
海外で儲けようとする意識が高い人は、なにかと日本と比べる傾向があります。遅れていると
か、不便だとか…。そうではなくて、これからの地球を考えたら、もっと、日本や日本人は、これからの国のことを知り、学ぶことが何よりも大切なのです。

最後に、本文で書いたことを振り返りながら、改めて、ＩＴやＤＸのポイントをまとめておきたいと思います。

本文では、ＩＴ、ＤＸ、ＩＴ化、ＤＸ化と使ってきました。大まかに使い分けていますが、それを少し説明します。ＩＴ、ＤＸは、概念的、抽象的な表現として使っています。ＩＴ化、ＤＸ化は、具体的に、ＩＴを使ってデジタル化する、デジタル化をベースにＤＸを推進するという風に、具体的な実行をイメージして使っています。

ＤＸの本質の一つは見える化することであると、説明してきました。その一方で、見える化してはいけないものも多く存在します。この両面をしっかり理解して、ＩＴ化やＤＸ化を推進する必要があるのです。

今だけ、ここだけ、自分（自社）だけの目の前を意識して行動していた時代から、先のことを考えた上、今できることにも取り組まないといけない時代。経営者にもある意味の二刀流が求められている。社会貢献と経済的価値の創造の両立が難しい理由はそこにあります。

生活者の意識もリサイクル志向が本物になってきたし、エシカル消費などを代表に、変化が見られます。経営も環境の変化に適応していこうとすれば、自社の目先だけの思考回路の企業は、早晩、行き詰まる可能性のある時代になりました。

組織運営の現場でも、あるべき姿から思考する仕事のやり方に変わりつつあります。

今、ビジネスの現場で主流になりつつある、ＴｏＢｅ思考です。今までは、現状から考えるＡｓＩｓが主流でした。

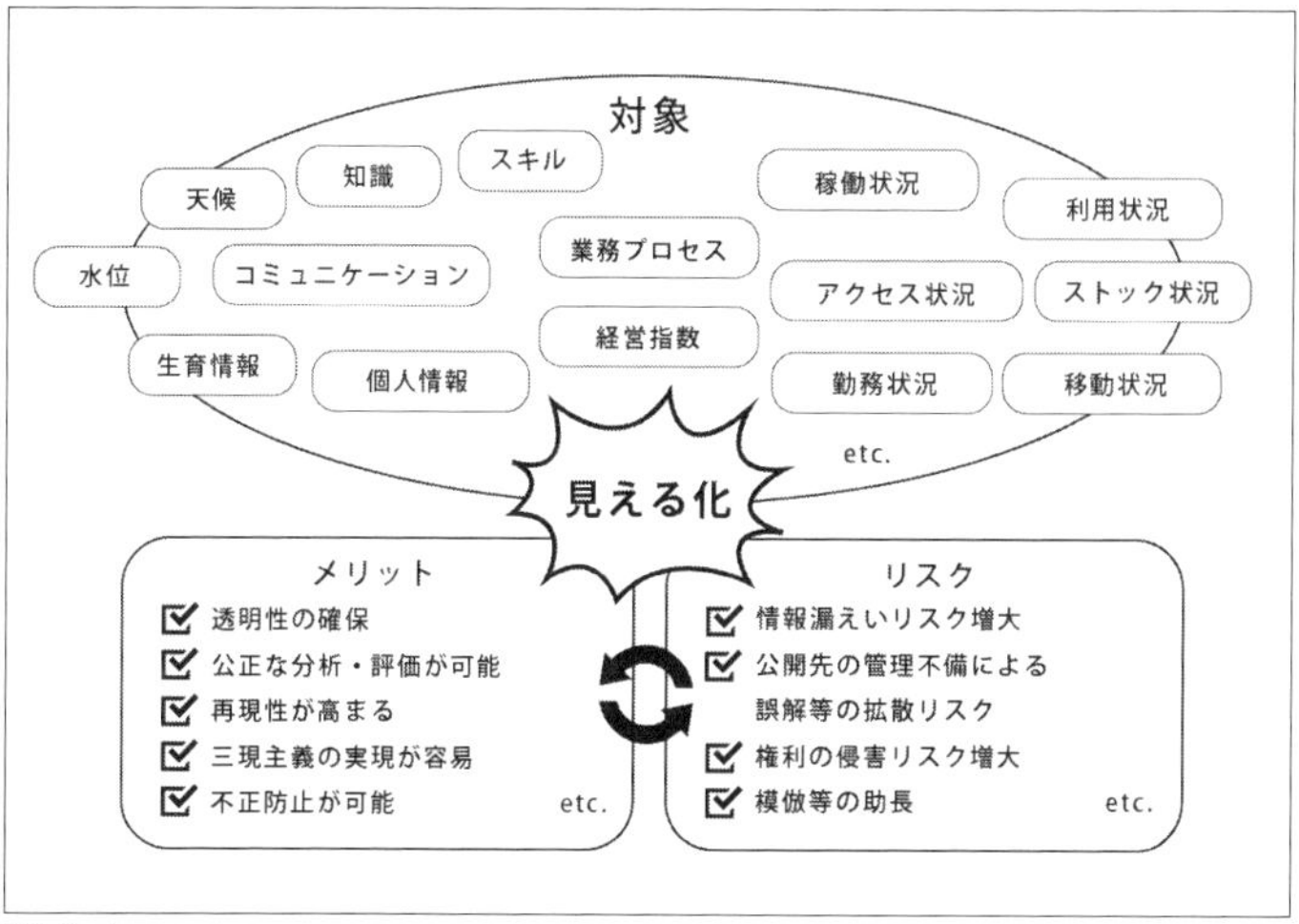

図10−1

では、どれぐらい先を目指せばよいのでしょうか？

感覚的な話、10年ぐらい先でしょうか？

もちろん、人口減少の日本の未来を考えるには、２０５０年やもっと先まで見通す必要はあります。ただ、現実的には、企業経営で見れば、数年の中長期計画の一つ先、10年後ぐらいだと思います。

日本は伸び盛りの新興国にとっては、課題解決先進国でした。交通事故に始まり、公害、資源の無駄遣いなど、日本は高度経済成長の最中に、数多くの負を生み出し、問題解決を先送りしてきました。それも、ようやくこの20、30年で改善し、世界のお手本になりえる状態にあります。

仮にデジタル化で日本が遅れているとしても、アナログ力で構築したこの改善のノウハウは、世界が求めていることなのです。

ＩＴは経営資源の一つになったといっても過言ではない時代。

これからの経営者は、ＩＴ活用に関しての経営判断を俊敏に的確に行わなければなりません。

一方で、いまだにＩＴはわからない、見えない、専門家の領域だなどといった理由で、人任せになっているのが実情です。

世間では、ＤＸが必要以上に喧伝され、デジタル社会まっしぐらという空気が漂っていますが、本当にそうでしょうか？

ＩＴ活用については、本質的な活用や仕組みに精通して、過剰な投資にならないよう、無駄な買い物をしてしまわないように、経営者の判断力が問われる時代です。

もちろん、ＤＸ推進のトップランナーとして先頭集団を走る経営の選択肢もあるでしょう。一方で、あとから行くことも価値がある時代です。アジャイル経営思考とはそういうことです。例えば、４００ｍトラックで走っているとします。スタートした最初は、後か先かですが、ゴールのないトラックであれば、そういう後か先かは関係ありません。私はＤＸ時代の特徴は、そういうことだと思っています。

だからこそ、社会や経済の基盤を支えている中小企業は焦る必要はないのです。今まで通り、地に足をつけて、地道でも縁の下の力持ちでもよいのです。原点を忘れなければ、ＤＸ社会で、再び輝ける時代が来ます。

そして、もう一つ重要なことを学ぶ必要があります。

それは、ＩＴ社会に適応するという視点です。

今や、ＩＴは仕事だけでなく、社会インフラ、生活インフラの一部といっても過言ではありません。しかも、日々、世界中でＩＴは進展しています。地球上をＩＴが覆いかぶさっていくイメージです。こういった環境の変化を的確に捉えておくためのＩＴ社会の見方も、同時に学ぶ必要があります。

アナログで強固な基盤を作ってきた日本の強みは、これから価値を増大します。ものづくりもそうです。おもてなしもそうです。信用・信頼されているというブランドもそうです。こういったものを当社では、ヒューマンインフラと呼んでいます。

もともと、十数年前から、ベトナムなどの新興国にヒューマンブランドを磨きましょうと、提案しベトナム企業の教育サービスを行ってきました。

前項に書きましたが、ＩＴやＤＸ教育の根底には、ヒューマンブランドを向上するという視点は欠かせません。先人の経験や知恵もこの意味での価値が一番大きいのです。

これからは、自分が自ら関わるかどうかは別として、社会をよくするためのＤＸを生活者や経営者が当たり前に同じ目線で考える、学ぶことが何よりも大切だと思います。

そして、ＩＴ、ＤＸの未来は自分たちで考えて共に創っていく。

これは、当社としてのＴｏＢｅでもあります。

ＩＴは、提供する側から見ると、装置産業です。電気がなくては動かない。当然、環境への負荷も相当です。

最近、日本はデータセンターの建設ラッシュです。これはどういうことだろうか？　そんなにデータを蓄える場所が必要なのかと不思議に思います。しかも、日本国内に。実は、これはようやく国際レベルで、情報セキュリティが進みだしている日本の実情と考えるのが自然なのです。

つまり、重要なデータを日本の外には置いておけないということです。

こんな風に次々と見えないところで変化が起こる。

でも、これは日本がかつて通ってきた道なのです。それは、新興国の都市の建設を見ればわかります。新興国はどこの国も都市部では超建設ラッシュ。

ある意味、これと同じことが日本のＩＴ業界で起ころうとしているのかもしれない…。

そもそも、大企業といえども企業が単独で社会を変革できる時代ではありません。

世界中が、つながっている時代。見える化も進みます。それに呼応して新しい仕組み化も進みます。小さくても健全な経営が価値を生む時代です。

本来は、ＤＸは社会変革（これをＳＸと呼ぶ専門家もいる）であるべきなのです。

ＤＸは社会的（Social）であり、持続的（Sustainable）であることが自然なのです。

おわりに

「ＩＴがこんな日の目を見る時代がくるとは思わなかった」

あるエクセレントカンパニーのＣＥＯとの面会時に彼の発した言葉です。

ＩＴ業界というのは、昔はコンピューター業界といわれていました。

この数十年、この業界は、一見花形産業に思える部分はあるが、実態は、泥臭くて裏方の根気のいる目立たない仕事でした。昔は肉体労働と揶揄されたことも結構ありました。いわゆる縁の下の力持ちの役割だったのです。

もちろん、こういう裏方の役割がこれからも大切で続くと思いますが、ここ10年ぐらいで、ＩＴが表舞台にも登場するようになり新産業のイメージが生まれてきたのも事実です。まったく、畑違いでＩＴ業界を歩んできた私も、ほぼ同じような感覚を持っていた時期で、冒頭の発言には、思わず膝を打ったわけです。

青天の霹靂、完全な想定外から私のＩＴキャリアはスタートしました。

先のことを何も考えずに、社会人になったとき、たまたま初めて関わった仕事がライフワークになるとは夢にも思いませんでした。

私の場合は、そもそも、コンピューターの仕事については、大学時代までは、まったくしたいと思ったこともなかったし、ガテン系の仕事を志向する私のようなアナログ人間が、デジタルにも関わっていること自体、その当時の友人たちは未だに驚きます。

そんなわけで、常に懐疑的に客観的にＩＴやＩＴ業界とやらを見てきたつもりです。


この40年、世の中はさまざま変化しました。

とりわけ、ＩＴに関することでいえば、驚きの連続でした。パソコンの登場にワクワク。インターネットの衝撃。スマホの登場には、最初、ビジネスに使えるわけがないと、私は懐疑的でした。今や、ネットで世界中、誰とでもコミュニケーションができる時代が近づいている。この先のことを考えると、今想像していることを遙かに超えていくだろうことだけは予測できます。つまり、今の人たちの予想は外れると。


私にとって、すでにライフワークの一つとなってしまったＩＴ。

ＩＴがきっかけで、デジタルとは程遠いアナログ的な中小企業やデジタル化が始まる前の新興国にも関わってきた私としては、これも自分の人生の一つの役割なのかと自問自答しながら、今を楽しむようになりました。最初目指した現場監督をしていたら、私の今はＩＴやＤＸとは全く別世界だっただろうかと時々回想することもあります。

ＩＴ業界どっぷりの人よりも、少しは客観的に、やや冷静にＩＴと付き合ってこれたのかなと、自負しているところです。

21世紀は、何世紀も先から振り返ると、記録とコミュニケーションが劇的に変わった時代となるでしょう。その変化はすでに始まっていると考えています。

「ホモ・デウス」の著者ユヴァル・ノア・ハラリ氏が、今世紀は、データ教が誕生する世紀という考えを書いています。

私たちが子供の頃は、親や近所の人に、良いことも悪いこともおてんとうさまが見ていると、しつけられました。これからは、それがデータになるかもしれない。また、一つの宗教になるかもしれない。この本に触れてから、ずっと、そのことを考えています。

もう一つお勧めしたい本が、「テクノロジーは貧困を救わない」です。貧困といえば、アフリカなどの国が浮かびますが、日々、世界はつながって見える化が加速しています。こういう時代だからこそ、地球の数多くの問題や課題解決は、テクノロジーやＩＴを上手に使って、人間が意志をもって現場に入り込んで、解決する。こういう風に私は考えています。

ＤＸが確かに浸透していけば、今までのような歴史探索の必要もなくなる。言語は世界で一つに戻るかもしれない。しかし、それも経済優先では、マイノリティの民族は埋もれてしまう。国境の意味はどうなるのか。見届けたい変化の先はいくつもあるが、一人の人間としては、それはかなわないだろう。

未来の人たちに、今、こういうことを考えていた人間がいたことの証に、この本をデジタルで未来に残したいとも思っています。一冊の本というのは、締め切りと紙面の制約があります。ですので、伝えたいこと、まとめたいことを全部書ききるのは難しい。ただ、いいたいことの本質や考えは、表現できたのかなと思っています。ぜひ、多様な考え、意見に触れたいと思います。ご遠慮なくフィードバックいただけたら深甚です。

このあたりで、筆を置くとして、また、お伝えしたいことがたまってきたら、続編を書こうと思っています。それと並行して、中小企業の取り組み実践の書籍もまとめ中です。ご期待いただけたらと…。

最後に、ＡＩを私なりにどう使うかを、日々考えていることを記します。

中小企業支援を軸に活動してきた私としては、今後もやはり、自社の取り組みをモデルにする。

失敗も成功も。まずは、ＡＩ君を上手に活用して、次世代型の事業承継のモデルになることです。

もうしばらくは、ペースメーカー（伴走者）として奔ろうと思っています。


徳島県吉野川市のゲストハウス「ひなたの里」にて　２０２４年6月　近藤　昇

参考文献

アカン！ DX
木村 岳史
日経 BP 社

アナログの逆襲 「ポストデジタル経済」へ、ビジネスや発想はこう変わる
デイビッド・サックス（加藤 万里子 訳）
株式会社 インターシフト

良いデジタル化悪いデジタル化 生産性を上げ、プライバシーを守る改革を
野口 悠紀雄
日経 BP　日本経済新聞社

いちばんやさしい DX の教本 人気講師が教えるビジネスを変革する攻めの IT 戦略
亀田 重幸／進藤 圭
株式会社インプレス

イノベーションのジレンマ 増補改訂版
クレイトン・クリステンセン（玉田 俊平太 監修／伊豆原 弓 訳）
株式会社 翔泳社

イノベーションは新興国に学べ！ カネかけず、シンプルであるほど増大する破壊力
ナヴィ・ラジュ／ジャイディープ・プラブ／シモーヌ・アフージャ（月沢 李歌子 訳）
日本経済新聞出版社

いまこそ知りたい DX 戦略
石角 友愛
株式会社ディスカヴァー・トゥエンティワン

イラスト＆図解でわかる DX
兼安 暁
株式会社 彩流社

＜インターネット＞の次に来るもの 未来を決める 12 の法則
ケヴィン・ケリー（服部 桂 訳）
NHK 出版

改革・改善のための戦略デザイン **観光業 DX**
廣川　州伸
株式会社 秀和システム

改革・改善のための戦略デザイン　製造業DX
高橋 信弘／清原 雅彦／折本 綾子
株式会社 秀和システム

建設DX　デジタルがもたらす建設産業のニューノーマル
木村 駿
日経BP

構想力が劇的に高まる**アーキテクト思考**―具体と抽象を行き来する問題発見・解決の新技法
細谷 功／坂田 幸樹
ダイヤモンド社

コーポレート・トランスフォーメーション　日本の会社をつくり変える
冨山 和彦
株式会社 文藝春秋

勝者のIoT戦略
小林 純一
日経BP社

情報を捨てるセンス 選ぶ技術
ノリーナ・ハーツ（中西 真雄美 訳）
株式会社講談社

シンギュラリティ大学が教える飛躍する方法　ビジネスを指数関数的に急成長させる
サリム・イスマイル／マイケル・マローン／ユーリ・ファン・ギースト
（ピーター・H・ディアマンディス まえがき・あとがき／小林 啓倫 訳）
日経BP社

人工知能は敵か味方か　パートナー、主人、奴隷―人間と機械の問題を決める転換点
ジョン・マルコフ（瀧口 範子 訳）
日経BP社

図解まるわかり DXのしくみ
西村 泰洋
株式会社 翔泳社

世界一わかりやすいDX入門　**GAFAな働き方を普通の日本の会社でやってみた。**
各務 茂雄
東洋経済新報社

世界はシステムで動く いま起きていることの本質をつかむ考え方
ドネラ・H・メドウズ（枝廣 淳子 訳／小田 理一郎 解説）
英治出版株式会社

戦略論とDXの交点　DXの核心を経営理論から読み解く
則武 譲二 他
東洋経済新報社

創造的破壊 ―断絶の時代を乗り越える
リチャード・フォスター／サラ・カプラン（柏木 亮二 訳）
株式会社 翔泳社

脱炭素DX すべてのDXは脱炭素社会実現のために
株式会社メンバーズ・ゼロカーボンマーケティング研究会
株式会社プレジデント社

担当者になったら知っておきたい　**中堅・中小企業のための「DX」実践講座**
船井総合研究所 デジタルイノベーションラボ
株式会社 日本実業出版社

知識創造企業（新装版）
野中 郁次郎／竹内弘高（梅本 勝博 訳）
東洋経済新報社

つながり　社会的ネットワークの驚くべき力
ニコラス・A・クリスタキス／ジェイムズ・H・ファウラー（鬼澤 忍 訳）
株式会社講談社

デジタル化の時代に勝つため　**変革せよ！ IT部門**
長谷島 眞時
日経BP社

テクノロジーは貧困を救わない
外山 健太郎（松本 裕 訳）
株式会社 みすず書房

デジタルの未来　-事業の存続をかけた変革戦略-
ユルゲン・エフェメルト／野中 賢治（アンドレ・アンドリアン 日本語版序文／小川 敏子 訳）
日本経済新聞出版社

デジタル変革と学習する組織「顧客価値リ・インベンション戦略」を実践する組織と人材
山口 重樹
ダイヤモンド社

データサイエンティストが創る未来 これからの医療・農業・産業・経営・マーケティング
スティーヴ・ロー（久保 尚子 訳）
株式会社講談社

データの世紀
日本経済新聞データエコノミー取材班
日本経済新聞出版社

トランスフォーメーション思考 未来に没入して個人と組織を変革する
植野 大輔／堀田 創
株式会社 翔泳社

都市 5.0 アーバン・デジタルトランスフォーメーションが日本を再興する
東京都市大学 総合研究所 未来都市研究機構 著／葉村 真樹 著・編集
株式会社 翔泳社

都市は人類最高の発明である
エドワード・グレイザー（山形 浩生 訳）
NTT 出版株式会社

なぜ、DX は失敗するのか？ 「破壊的な変革」を成功に導く 5 段階モデル
トニー・サルダナ
（EY ストラテジー・アンド・コンサルティング 監修／小林 啓倫 訳）
東洋経済新報社

なぜデジタル政府は失敗し続けるのか 消えた年金からコロナ対策まで
日経コンピュータ
日経 BP 社

なぜデータ主義は失敗するのか？ 人文科学的思考のすすめ
クリスチャン・マスビェア／ミゲル・B・ラスムセン（田沢 恭子 訳）
株式会社 早川書房

人間らしさとはなにか？ 人間のユニークさを明かす科学の最前線
マイケル・S・ガザニガ（柴田 裕之 訳）
株式会社 インターシフト

ハーバード数学科のデータサイエンティストが明かす ビッグデータの残酷な現実
ネットの密かな行動から、私たちの何がわかってしまったのか？
クリスチャン・ラダー（矢羽野 薫 訳）
ダイヤモンド社

ビジネスの限界はアートで超えろ！
増村 岳史
株式会社ディスカヴァー・トゥエンティワン

不道徳な見えざる手
ジョージ・A・アカロフ／ロバート・J・シラー（山形 浩生 訳）
東洋経済新報社

ボイステック革命 **GAFAも狙う新市場争奪戦**
緒方 憲太郎
日経BP 日本経済新聞出版本部

ポスト・ヒューマン誕生 コンピュータが人類の知性を超えるとき
レイ・カーツワイル（井上 健 監修/小野木 明恵・野中 香方子・福田 実 共訳）
NHK出版

ホモ・デウス（上） ―テクノロジーとサピエンスの未来
ユヴァル・ノア・ハラリ（柴田 裕之 訳）
株式会社河出書房新社

ホモ・デウス（下） ―テクノロジーとサピエンスの未来
ユヴァル・ノア・ハラリ（柴田 裕之 訳）
株式会社河出書房新社

マッキンゼーが解き明かす 生き残るためのDX
黒川 通彦／平山 智晴／松本 拓也／片山 博順
日経BP 日本経済新聞出版本部

ルポ 日本のDX最前線
酒井 真弓
株式会社 集英社インターナショナル

DX経営図鑑
金澤 一央／ DX Navigator 編集部
株式会社アルク

DXの思考法 **日本経済復活への最強戦略**
西山 圭太
株式会社 文藝春秋

DXの真髄 ～日本企業が変革すべき21の習慣病～
安部 慶喜／柳 剛洋
日経BP社

DX を成功に導くデータマネジメント
データ資産価値向上と問題解決のための実務プロセス 75
株式会社 データ総研　小川 康二／伊藤 洋一
株式会社 翔泳社

DX CX SX
八子 知礼
株式会社クロスメディア・パブリッシング

Digital-Oriented 革命　DX が進化した究極の姿を描く
安部 慶喜／柳 剛洋／金弘 潤一郎
日経 BP

IGPI 流　DX のリアル・ノウハウ
冨山 和彦／望月 愛子
株式会社 PHP 研究所

IT の仕事に就いたら「最低限」知っておきたい DX の常識
イノウ
ソシム株式会社

VR は脳をどう変えるか？　仮想現実の心理学
ジェレミー・ベイレンソン（倉田 幸信 訳）
株式会社 文藝春秋

2050 年のメディア
下山 進
株式会社 文藝春秋

60 分でわかる！ DX 最前線
兼安 暁
株式会社　技術評論社

著書プロフィール

インドのチャンディーガルにて

近藤 昇 （こんどう・のぼる）

株式会社ブレインワークス代表取締役（１９９３年創業）

一級建築士、特種情報処理技術者の資格を有する。創業以来、中小企業の経営のペースメーカーを軸に、企業・官公庁自治体などの組織活動（ＩＴ活用、経営戦略、海外進出など）の支援を手掛ける。一方、アジア・アフリカなど新興国ビジネスに精通し、特に１９９９年に現地法人を設立したベトナムを基点として、東南アジアにおける事業創造・事業推進支援の実績は多数。２０１６年、アフリカ・ルワンダに現地法人を設立、アフリカのビジネス活動にも取り組んでいる。２０２０年７月１日に設立した株式会社ＩＴグローバルブレインの代表取締役に就任、ＩｏＴ、情報セキュリティ関連の専門会社として活動中。代表的な著書に「ＩＣＴとアナログを駆使して中小企業が変革する」、「もし自分の会社の社長がＡＩだったら？」、「もし波平が８５歳になったら」、「真・情報化時代の幕開け」（いずれもカナリアコミュニケーションズ刊）など多数。

執筆チーム

窪田 光祐 (くぼた・みつのり)

ＩＴソリューション事業部長

２５年以上にわたり、民間企業および公共機関向けのＩＴシステム企画・構築に携わり、ＩＴ・セキュリティアドバイザーとしても活動。ＩＴシステムの企画から実装、セキュリティポリシー策定から監査・診断まで幅広い実務経験を持つ。さらに、複数の国家機関でＣＩＯ補佐官や最高情報セキュリティアドバイザーを１０年以上務めている。ＩＴストラテジスト、プロジェクトマネージャ、システム監査技術者(情報処理技術者試験)、情報処理安全確保支援士などの資格を保有。

渡利 周司 (わたり・しゅうじ)

ＩＴソリューション事業部マネージャー

新卒で入社以来約３０年間、企業規模や業種に関わらず、多数の基幹システム構築やネットワーク構築、セキュリティ対策、ユーザ部門の指導まで、オールラウンドに支援。課題が多く困難なプロジェクトを得意とする。支援先で「同志」と呼ばれることを喜びとしている。

現場での苦労を知り尽くし、現場で頼りにされ、現在もビジネスの最前線に立つ傍ら、現場で指揮することを愛してやまないペースメーカー。ＩＴ利活用の支援及びセキュリティ分野の技術支援を担う時のモットーは「三現主義が全ての基本」

中嶋 和雄 (なかじま・かずお)

セキュリティサービス事業部長

新卒入社後、ＩＴエンジニアとして中小企業向けＩＴ導入に関する設計・開発、コンサルティングに携わる。情報セキュリティコンサルタントとして民間企業のみならず官公庁・自治体での支援実績を多数持つ。現在はＩＴ活用に係る調査や実証及び顧客の支援に従事するとともに、サイバーセキュリティを中心とした組織の知的資産を守る分野においても同様の取組を行っている。情報処理安全確保支援士、公認情報システム監査人(ＣＩＳＡ)の資格を持つ。

山田　宏海 (やまだ・ひろうみ)

ビジネスプロデュース事業部長

建設会社で構造計算などのセールスエンジニアを経て営業本部長として全社の営業をマネジメントしてきた。(株)ブレインワークスに入社後、官公庁自治体向けＤＸ推進支援・情報セキュリティ対策支援、及び民間企業のシステム構築支援、ＩＴ活用支援等、各種コンサルティング業務に従事している。大手企業で会得した業務改善や品質確保のノウハウは、中小企業支援の現場においても大いに役立っている。

IT 関連サービスの歩み

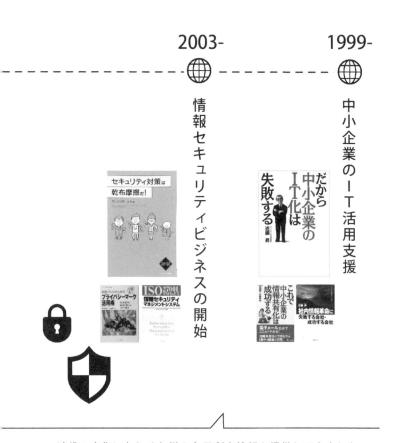

1999-

中小企業のＩＴ活用支援

2003-

情報セキュリティビジネスの開始

時代の変化にあわせた様々な目利き情報も提供してきました。

2006-

IT活用の本質的な課題解決に取り組む

2015-

アナログ力を重視した中小企業の支援

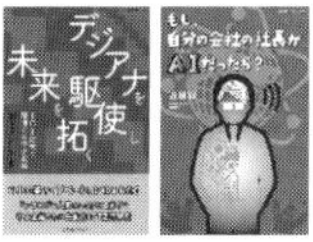

2022-

DX時代のIT・セキュリティ支援に進化

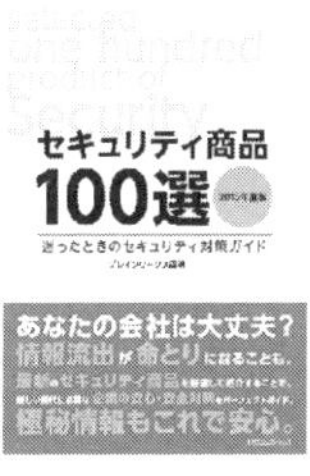

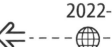

近藤 昇のオンラインセミナーとブレイン・アカデミーを
「ブレイン・ナビオン」で配信中！

オンラインセミナー

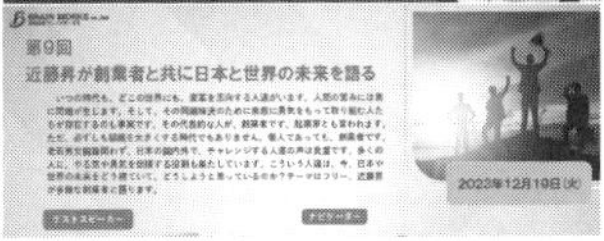

ブレイン・アカデミー

ブレインナビオン

https://brainnavi-online.com/

経営やＩＴに関する情報を、ブレイン・ナビオンで発信しています。

ブレイン・ナビオンでは、老若男女多国籍のどなたにでも、ビジネスや生活を健全で豊かにするための動画を提供しています。現役の経営者や新興国の起業家、名誉教授にアーティストなど普段は触れることがない方々が生の情報を配信しています。

また、日々多数のスピーカーがさまざまなテーマで集合するフェスタや、海外とオンラインでつなぐブレインワーケーションツアーなどのオリジナルイベントを行っています。ライブでも、オンデマンドの録画でもご視聴いただけます。

ぜひ、ブレイン・ナビオンで多くの「知」とつながってください。

近藤 昇のSNS

X（@kondoh1962）

Facebook（@noboru.kondoh.1）

YouTube（@wacation1684）

note（@kondoh_noboru）

近藤 昇 Official Site

近藤昇の全てのコンテンツをご覧いただけます。

近藤昇　Official Site
～仕事は自分で創れ！～

近藤 昇の
ブレイン・ナビオンチャンネルのご紹介

未来志向型企業のペースメーカー

近藤 昇の著書

だから中小企業の IT 化は失敗する
近藤 昇 著
オーエス出版
2001 年 1 月出版
定価 1500 円（税別）
ISBN978-4-7573-0077-4

これで中小企業の「情報共有化」は成功する
近藤 昇 著
オーエス出版
2001 年 5 月出版
定価 1500 円（税別）
ISBN978-4-7573-0085-9

仕事は自分で創れ！
近藤 昇 著
オーエス出版
2002 年 2 月出版
定価 1300 円（税別）
ISBN978-4-8719-0933-4

社内情報革命に
失敗する会社・成功する会社
近藤 昇 著
光芒社 出版
2003 年 2 月出版
定価 1500 円（税別）
ISBN978-4-8954-2198-0

I T、情報活用、セキュリティで
右往左往しない社長の鉄則 77
近藤 昇 著
アスカエフプロダクツ 出版
2005 年 7 月出版
定価 1500 円（税別）
ISBN978-4-7569-0895-7

上記は著書の一部です。
他の著書はこちらをご覧ください。

カナリアコミュニケーションズの書籍のご案内

住まいの耐久性大百科事典 I 改訂増補版
一般社団法人
住まいの屋根換気壁通気研究会 著
2023 年 11 月発刊／定価 2700 円（税別）
ISBN978-4-7782-0517-1

百折不撓～日本の伝統工法「真壁」の木造住宅の全国展開を実現した創業社長加納文弘の挫折と再起の人生を辿る～
近藤 昇 著
2024 年 6 月発刊／定価 1600 円（税別）
ISBN978-4-7782-0524-9

儲けるから儲かるへ
近藤 典彦 著
2021 年 9 月発刊／定価 1600 円（税別）
ISBN978-4-7782-0478-5

逆風の向こうに
～ある起業家が紡いだ奇跡の物語～
新賀 太蔵 著
2023 年 4 月発刊／定価 1500 円（税別）
ISBN978-4-7782-0512-6

カナリアコミュニケーションズの書籍のご案内

ＩｏＴってなんだ？
- ＤＸの実現に不可欠な IoT の豆知識 -
長内 弘喜 著
2022 年 5 月発刊／定価 1300 円（税別）
ISBN978-4-7782-0494-5

真・情報化時代の幕開け
- 情報感度を磨き DX 社会に適応する -
近藤 昇 著
2022 年 6 月発刊／定価 1300 円（税別）
ISBN978-4-7782-0498-3

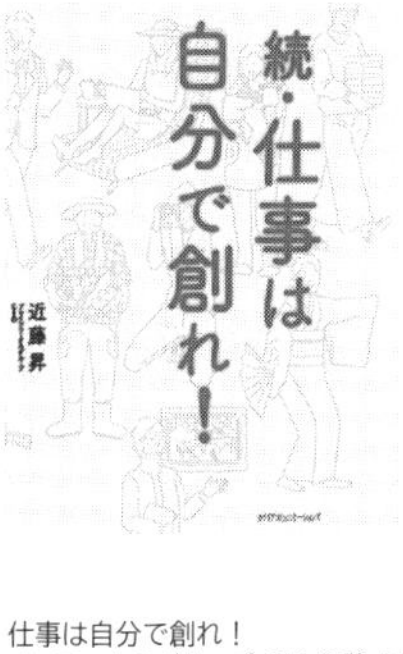

続・仕事は自分で創れ！
ブレインワークスグループ CEO 近藤 昇 著
2021 年 1 月発刊／定価 1300 円（税別）
ISBN978-4-7782-0471-6

健全経営のためのセキュリティ対策最前線！！
～ＤＸ時代に不可欠なリスクマネジメント～
株式会社 IT グローバルブレイン 著
2022 年 4 月発刊／定価 1500 円（税別）
ISBN978-4-7782-0492-1

カナリアコミュニケーションズの書籍のご案内

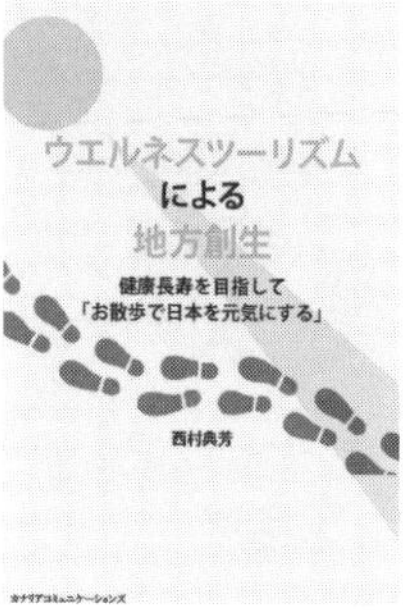

ウエルネスツーリズムによる地方創生
健康長寿を目指して「お散歩で日本を元気にする」
西村 典芳 著
2022 年 9 月発刊／定価 1400 円（税別）
ISBN978-4-7782-0503-4

田舎ビジネス『イナビジ』のススメ
～“ドラゴンボール世代”の新しい働き方！～
林 直樹 著
2024 年 5 月発刊／定価 1300 円（税別）
ISBN978-4-7782-0523-2

起業するなら
「農業」をすすめる 30 の理由
鎌田 佳秋 著
2021 年 2 月発刊／定価 1500 円（税別）
ISBN978-4-7782-0472-3

自然と人間の調和を求めて
－大賀流オーガニック農法が生み出す軌跡－
大賀 昌 著
2022 年 6 月発刊／定価 1400 円（税別）
ISBN978-4-7782-0496-9

カナリアコミュニケーションズの書籍のご案内

今日から使える
即効ベトナム語フレーズ！
糸井 夏希 著
2023 年 7 月発刊／定価 2000 円（税別）
ISBN978-4-7782-0515-7

歴史から読み解くアジアの政治と外交
坂場 三男 著
2024 年 2 月発刊／定価 1800 円（税別）
ISBN978-4-7782-0520-1

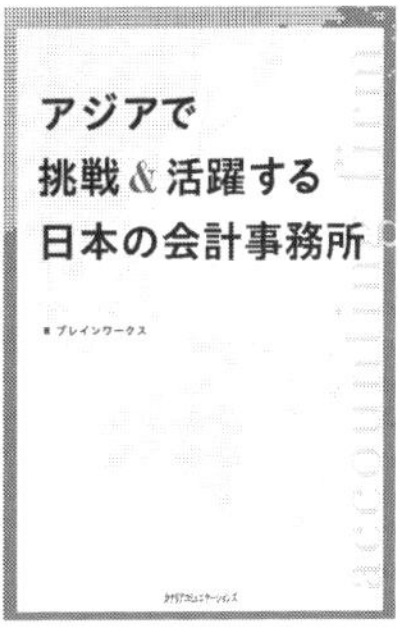

アジアで挑戦＆活躍する日本の会計事務所
ブレインワークス 著
2023 年 11 月発刊／定価 1600 円（税別）
ISBN978-4-7782-0518-8

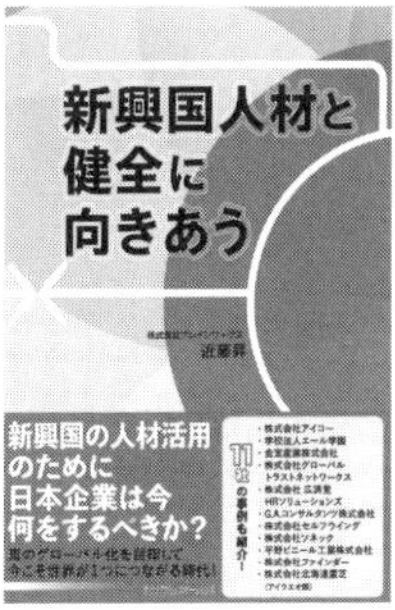

新興国人材と健全に向きあう
近藤 昇 著
2022 年 3 月発刊／定価 1400 円（税別）
ISBN978-4-7782-0489-1

カナリアコミュニケーションズの書籍のご案内

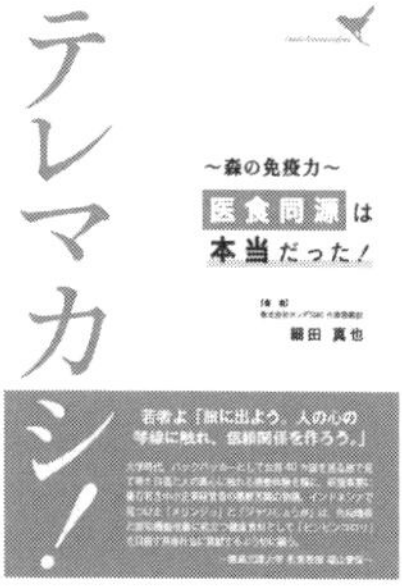

テレマカシ！～森の免疫力～
細田 真也 著
2023 年 2 月発刊／定価 1500 円（税別）
ISBN978-4-7782-0508-9

味・見た目・こころ
レンジ8分 著
2023 年 4 月発刊／定価 1000 円（税別）
ISBN978-4-7782-0510-2

「ワクワク to できる」の
2 軸のマッピングでつくる新しいキャリア
三冨 正博／小島 貴子 著
2022 年 9 月発刊／定価 1500 円（税別）
ISBN978-4-7782-0505-8

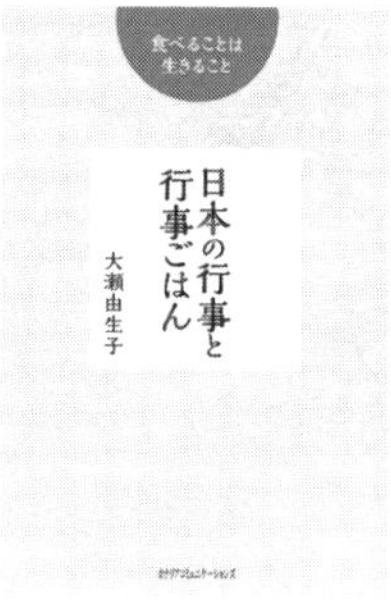

日本の行事と行事ごはん
- 食べることは生きること -
大瀬 由生子 著
2022 年 8 月発刊／定価 1400 円（税別）
ISBN978-4-7782-0501-0

カナリアコミュニケーションズの書籍のご案内

もし波平が 85 歳になったら？
近藤 昇／近藤 誠二 著
2022 年 8 月発刊／定価 1300 円（税別）
ISBN978-4-7782-0502-7

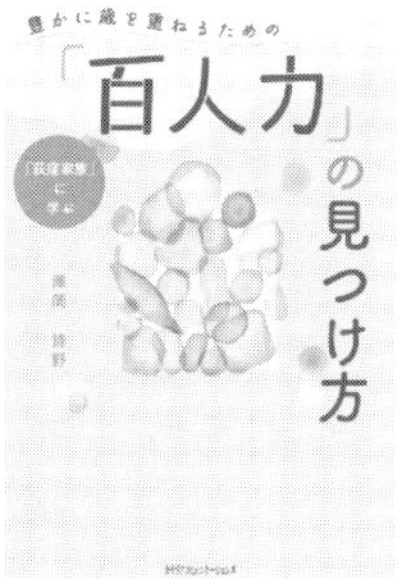

豊かに歳を重ねるための
「百人力」の見つけ方
澤岡 詩野 著
2023 年 8 月発刊／定価 1600 円（税別）
ISBN978-4-7782-0516-4

「アクティブシニア」の教科書
白川 博司／藤倉 勝弘／西 一志 著
2021 年 3 月発刊／定価 1200 円（税別）

編むということ
- フィリピン女性たちと一緒に紡ぐ、これからも。-
関谷 里美 著
2021 年 12 月発刊／定価 1400 円（税別）
ISBN978-4-7782-0485-3

DXに翻弄される日本の会社と社会

発行日:2024年7月25日(初版発行)

著者:近藤 昇

発行所:株式会社カナリアコミュニケーションズ

〒141-0031　東京都品川区西五反田1-17-1

TEL:03-5436-9701　FAX:03-4332-2342

http://www.canaria-book.com/

装丁:堤 優綺乃

印刷所:株式会社昇寿堂

ISBN978-4-7782-0526-3 C0034
定価はカバーに表示してあります。乱丁・落丁本がございましたらお取り替えいたします。
カナリアコミュニケーションズあてにお送りください。